BIRGIT WENZEL

Kreative und innovative Methoden

Geschichtsunterricht einmal anders

WOCHEN SCHAU GESCHICHTE

Bibliografische Information der Deutschen Nationalbibliothek

Die Deutsche Nationalbibliothek verzeichnet diese Publikation in der Deutschen Nationalbibliografie; detaillierte bibliografische Daten sind im Internet über http://dnb.d-nb.de abrufbar.

Die Reihe „Methoden Historischen Lernens"
wird herausgegeben von

Michele Barricelli
Peter Gautschi
Ulrich Mayer
Hans-Jürgen Pandel
Gerhard Schneider
Bernd Schönemann

Umschlaggestaltung: Ohl Design
Umschlag-Bildgestaltung: Julia Wenzel
Satz und Methoden-Layout: Bodo Paul Hoffmann
Gedruckt auf chlorfrei gebleichtem Papier
Gesamtherstellung: Wochenschau Verlag
ISBN 978-3-89974585-6

Inhaltsverzeichnis

Mit besonderem Dank an *Bodo Paul Hoffmann* für die Vorlage der Methoden *Audioguide, Bildkartei, Denkblatt, Drei gewinnt, SMS, Stummfilmvertonung* und *Stimmenfang* sowie für die kritische Begleitung der Texte und die Erstellung des Layouts.

Vorwort

Dieses Buch zu schreiben war mir ein Anliegen und eine Freude, denn für kreative Methoden interessiere ich mich „gefühlt" schon immer.

Seit einigen Jahren liegen Methodensammlungen vor, die auch ergiebig sind; speziell für den Geschichtsunterricht tut sich im Blick auf die Passung von Methoden für das historische Lernen erst in jüngerer Zeit einiges.

So habe ich es schon lange als eine Herausforderung empfunden, mich mit diesem Thema näher zu beschäftigen und ein Format zu entwickeln, das Erfahrungen aus der Praxis verarbeitet, wissenschaftliche Erkenntnisse einbezieht und wiederum für die Praxis gedacht und geschrieben ist.

Gerade die Erfahrungen in vielen Praxisfeldern waren dabei für mich inspirierend.

Insofern ist dieses Buch auch gewidmet: meinen Schülerinnen und Schülern, mit denen ich vieles erprobend erfahren und auswerten durfte, meinen Referendarinnen und Referendaren, vielen Studierenden und auch lieben Kolleginnen und Kollegen, die sich auf Anregungen eingelassen haben und Feedbacks gaben.

Die hier für das historische Lernen aufbereiteten und innovativen Methoden können Sie und Ihre Schülerinnen und Schüler aktivieren, Ihnen Spaß am Lernen und Arbeiten bringen und helfen, einen guten und kreativen Geschichtsunterricht zu gestalten.

Berlin, im Februar 2010
Birgit Wenzel

1. Einleitung

Bevor ein ganzer „Fächer" von Methoden für den Geschichtsunterricht entfaltet wird, bedarf es einer Einleitung, die sich knapp und konzentriert mit wichtigen Fragestellungen und Aspekten der Themenstellung auseinander setzt.

1.1 Zum Methodenbegriff

Die Fachliteratur stellt keinen einheitlichen Methodenbegriff zur Verfügung. Für den Zusammenhang dieses Buches verstehe ich unter Methoden in sich geschlossene Unterrichtsverfahren, die bestimmte Abläufe vorsehen und definierten Regeln folgen. Sie sorgen für angemessene Lernumgebungen, die das historische Lernen vorantreiben.

Methoden bilden Bestandteile der Unterrichtsplanung und gehören zu den Entscheidungen, die Lehrende reflektiert und zielbewusst treffen. Sie sind wichtige Elemente eines durchdachten Lernarrangements, das gleichermaßen einen Rahmen für sinnvolles Lernen und die Kompetenzentwicklung bildet. Methoden sind also nie Selbstzweck, sondern immer Mittel und Weg zu günstigen Lehr- und Lernbedingungen.

1.2 Kreative und innovative Methoden – warum und wozu?

Allgemein- und fachdidaktische Überlegungen

Die OECD hat für Bildung *drei Schlüsselkompetenzen* formuliert, nämlich a) das Interagieren in sozial heterogenen Gruppen, b) das selbstständige Handeln und c) die interaktive Nutzung von Instrumenten und Hilfsmitteln.[1]

Methoden werden in diesem Band als Werkzeuge verstanden, um diese Schlüsselkompetenzen, das Lernen im Allgemeinen wie das historische Lernen im Besonderen, zu befördern.

Im Folgenden soll nach dem Zusammenhang zwischen gutem (Geschichts-)Unterricht und dem Einsatz von Methoden gefragt werden,

---

[1] Vgl. http://www.oecd.org/document/49/0,2340,
en_2649_34487_14112625_1_1_1_1,00.html.

zunächst aus allgemein-didaktischer und anschließend aus fachdidaktischer Sicht.

Gütekriterien für guten Unterricht zu finden, beschäftigt *allgemeine Didaktiker/innen* wie Hilbert Meyer[2] oder Andreas Helmke[3]. Eins der zehn Merkmale guten Unterrichts, die Meyer benennt, ist die Methodenvielfalt (vgl. Kap. 2.6 in seinem Buch). In seiner Begründung, warum guter Unterricht einer solchen Vielfalt bedürfe, verweist Meyer unter Bezug auf Weinert auf die Heterogenität sowohl der Voraussetzungen als auch der Interessen von Schülerinnen und Schülern.[4] Zwei Thesen der Ausführungen Meyers zur Methodenvielfalt möchte ich besonders unterstreichen und mit diesem Band einen Beitrag zu deren Umsetzung leisten; sie lauten: „Es besteht nicht der geringste Anlass, vor einem Zuviel an Methodenvielfalt zu warnen."[5] und „Die Mischung macht's."[6]

Zu der richtigen Mischung gehören nach Meyer Makromethoden (Freiarbeit, Lehrgänge, Projektarbeit und gemeinsamer Unterricht), Mesomethoden (Sozialformen, Handlungsmuster und Verlaufsformen) sowie Mikromethoden (Inszenierungstechniken auf Seiten der Lehrerinnen und Lehrer und der Schülerinnen und Schüler).

Fachdidaktiker/innen, wie jüngst Peter Gautschi[7], fragen – unter einer spezifisch fachdidaktischen Perspektive – ebenso nach Maßstäben guten Geschichtsunterrichts. Gautschi legt seiner Bearbeitung dieser Frage eine quantitaive und zugleich qualitative Studie zugrunde, die er an Schweizer Schulen durchführte (2009). Er ließ konkrete, videographierte Geschichtsstunden durch Expert/innen, Lehrende und Lernende beurteilen. Basierend auf diesen Rückmeldungen entwickelte er seinen Katalog fachspezifischer Gütekriterien weiter.[8]

In fünf der aufgezeichneten Geschichtslektionen, von allen an der Untersuchung Beteiligten als „gut" beurteilt, treten vor allem zwei Kriterien als „Schlüsselfaktoren" in den Vordergrund, nämlich „Bezogenheit des Themas auf die Situation der Lernenden" und „Gewährleistung von anregenden, aktivierenden und angepassten Lerngelegenheiten".[9]

Die hier kurz referierten pädagogischen, allgemein- und fachdidak-

---

2 Vgl. Meyer 2004.
3 Vgl. Helmke 2003.
4 Vgl. Meyer 2004, S. 74.
5 Ders., S. 80.
6 Ders., S. 85.
7 Vgl. Gautschi 2009; auf seine Ergebnisse wird im Folgenden noch Bezug genommen.
8 Vgl. Gautschi 2009, Kap. 6.
9 Ders., S. 242f.

tischen Ergebnisse berücksichtigend, ist es Ziel dieses Buches, vielfältige Anregungen zu geben. Sie als Lehrende/r sollen den postulierten Ansprüchen unter Berücksichtigung verschiedener Handlungsmuster, Inszenierungstechniken und aller Sozialformen in einem methodisch variablen Geschichtsunterricht gerecht werden können. Kurz: Die Methodenvorstellungen verstehen sich als Instrumente für einen guten und kompetenzorientierten (Geschichts-)Unterricht.[10]

Unterrichtspraktische Überlegungen

Unterrichtspraxis wird häufig von allen Beteiligten als (öde) *Routine* empfunden.[11] Zum Teil unmotivierte Schülerinnen und Schüler wie Lehrerinnen und Lehrer scheinen sich zumindest zum Teil durch den Unterrichtsalltag zu schleppen und zwischen Resignation und Langeweile sowie Ablehnung und Aggression zu pendeln. Geschichte gehört, zumindest mit dem Abflauen einer Anfangsbegeisterung (zumeist in den Schuljahren 7 bis 10) später eher selten zu den Lieblingsfächern der Schülerinnen und Schüler. Dies belegen vor allem meine eigenen Beobachtungen während vieler Unterrichtsbesuche in allen Schulformen und Berichte von Studierenden und Referendar/innen, die sich intensiv mit dem eigenen Geschichtsunterricht und dem der Kolleg/innen auseinander setzen.

Kreative und innovative Methoden können hilfreich sein, einen guten Geschichtsunterricht zu gestalten, der Lernende und Lehrende anspricht und begeistert.

Unter kreativ und innovativ verstehe ich, dass es sich um einfallsreiche, fantasievolle und originelle Methoden handelt, die Abwechslung in den Schulalltag bringen und neue Blicke auf und Erkentnisse über Geschichte provozieren. Dabei geht es nicht vorrangig um das „Neue" an den Methoden, sie sollen nicht um ihrer selbst gefeiert werden.[12] Vielmehr geht es darum, Wege zu finden, eine direkte Begegnung zwischen unseren Unterrichtsinhalten, der Geschichte also, und den Lernenden zu ermöglichen und historisches Denken zu fördern.

Hinzu kommt, dass Schülerinnen und Schüler, vor allem durch freizeitbedingte *Rezeptionsgewohnheiten*, durchaus anspruchsvoll sind, was Medien, aber eben auch was Verfahren in Unterrichtszusammenhängen angeht. Eintönigkeit und wenig Eigenaktivität führen zum vor-

---

10   Zum Verständnis des Kompetenzbegriffs vgl. die Ausführungen auf S. 24f.
11   Brunner verweist diesbezüglich auf die zirkuläre Wechselwirkung von Schüler- und Lehrererwartungen zu „gutem Unterricht". Vgl. Brunner 2006, S. 280ff.
12   Es geht also gerade nicht um den von Hans-Jürgen Pandel beklagten sorglosen Umgang mit (Inhalten und) Methoden, vgl. Pandel 1999.

schnellen Abschalten, während Variation und erhöhte Selbsttätigkeit sowie stärkere Verantwortung für die eigenen Lernprozesse lernsteigernd und -förderlich wirken.

1.3 Zum Stellenwert von Methoden im (Geschichts-) Unterricht

Wissen kann nicht wirklich beigebracht oder vermittelt, sondern muss *individuell* erworben werden.[13] Für diese Prozesse braucht es sinnvolle Methoden.

Für den *Geschichtsunterricht* gilt im Besonderen, dass wir uns unseren Lerngegenständen nur mittels diverser Medien und Materialien, hier vor allem Quellen, annähern können, denn die Vergangenheit kann nicht *realiter* in den Klassenraum hineingeholt werden. Der Einsatz von Medien wiederum benötigt die Verknüpfung mit Methoden, weil die Medien allein noch nichts bewirken. Methoden sind notwendig, um Prozesse in Gang zu setzen, mittels derer die Lernenden Geschichte wahrnehmen, de- und rekonstruieren, um sich dabei in Vergangenheit, Gegenwart und Zukunft zu orientieren, narrative Sinnbildung zu betreiben und letztlich ein reflektiertes Geschichtsbewusstsein zu entwickeln. Sie tragen – jede mit unterschiedlichen Schwerpunkten – dazu bei, dass Lernende Geschichte befragen, untersuchen, erklären, verstehen, narrativieren, beurteilen.

1.4 Historisches Lernen und Wissenserwerb – Erkenntnisse und Konzepte

Methoden, so ist deutlich geworden, stellen Vehikel für Lehr-Lernprozesse dar. Insofern ist es bedeutsam, sich mit dem Lernbegriff auseinander zu setzen.

Grundlage bildet die Erkenntnis, dass in jedem Klassenzimmer *Gruppen* gemeinsam lernen, die heterogen zusammengesetzt sind.[14] Jeder Teil der Gruppe, jedes *Individuum* also, verfügt dabei über ganz persönliche Wissensnetze und Lernstrategien, über ein individuelles Lerntempo sowie eigene motivationale wie volutionale Strukturen. Unterricht braucht folglich unterschiedliche Methoden, die sowohl der Gruppenstruktur und dem gemeinsamen Lernen als auch den Ungleichheiten und den subjektiven Bedingungen des Lernens gerecht werden.

---

13 Vgl. Spitzer 2007, S. 417.
14 Zur Varianz in heutigen Klassenzimmern vgl. z.B. Spitzer 2007, S. 402ff. und Meyer 2004 (siehe oben).

Auch die Tatsache und Erfahrung, dass Methoden zu der für das Lernen unabdingbaren *Motivation*[15] (der Lernenden, aber auch der Lehrenden) beitragen müssen, soll hier als „durchtragendes" und grundlegendes Element begriffen werden.

Die vorgestellten Methoden orientieren sich weiterhin bzw. im Einzelnen an folgenden Erkenntnissen und Konzepten zum Lernen und zum Wissenserwerb:

- Lernen ist ein *individueller*, selbst gesteuerter, aktiver und konstruktiver *Prozess* des Subjekts. Hierfür werden Methoden benötigt, die das individuelle Lernen initiieren und die die Selbstständigkeit fördern.[16] (Vgl. z.B. ⇨DENKBLATT, ⇨LERNBÜFFET)

- Lernen wird durch *gemeinsame Aktivitäten* mit anderen und durch wechselseitiges Lehren und Lernen unterstützt, daher sollten Methoden zur Verfügung stehen, die Kooperation und Symmetrie im Lernprozess fördern und fordern.[17] (Vgl. z.B. ⇨GRUPPENPUZZLE, ⇨OBJEKTINTERVIEW)

- Lernen erfolgt vor allem dann, wenn es als sachliche Notwendigkeit, als nützlich und sinnvoll erscheint und dem historischen *Lernstoff Bedeutung* zugemessen wird.[18] Methoden sollten daher für Sinnbildungsprozesse und das Prinzip der Problemorientierung stehen und sich für Aufgaben und Anforderungen eignen, deren Bewältigung Probleme (stellvertretend) löst. (Vgl. z.B. ⇨AUSHANDELN, ⇨KOPFSTAND)

- Lernen, auch historisches Lernen, sollte einen deutlichen *Bezug auf die Situation der Lernenden* haben.[19] Insofern sollten Methoden zum Einsatz gelangen, die Brücken zwischen der Vergangenheit und der Geschichte einerseits und der Schülerwirklichkeit andererseits bauen und die den Lernenden helfen zu erkennen, dass und welche Bezüge es zwischen Geschichte und ihrer Lebenswirklichkeit gibt. (Vgl. z.B. ⇨MEINUNGSBLATT, ⇨MITBRINGSEL)

---

15 Vgl. Spitzer 2007, S. 175-226.
16 Vgl. Roth 2006, S. 55ff.
17 Vgl. Wahl 2006, S. 154ff; hierzu auch Fthenakis 2009. Vgl. auch unter http://209.85.129.132/search?q=cache:7ff0kxxwSOsJ:www.natur-wissen schaffen. de/backstage/natur_wissen_schaffen/documentpool/Sammelmappe_8_13_Artikel_Prof_Fhtenakis.pdf+Lernen+Konstruktion+individuell&cd=6&hl=de&ct= clnk&gl=de. Fthenakis bezieht sich in seinem Artikel vornehmlich auf naturwissenschaftliches Lernen.
18 Vgl. Schirp 2006, S. 111.
19 Vgl. Gautschi 2009, S. 270 und Spitzer 2007, S. 416.

-   Lernen und Integration von Wissen erfolgen dann effektiv, wenn sie, insbesondere angesichts der Alterität der Geschichte, durch *Handlungen, eigene Erfahrungen* und Kreativität begleitet und unterstützt werden. Hierfür werden Methoden benötigt, die handlungsorientiert ausgerichtet sind, in denen eigenes Handeln erprobt wird und integrativ eingebunden ist.[20] (Vgl. z.B. ⇨Audio-guide, ⇨Ich sehe so, wie du nicht siehst!)

-   Lernen erfolgt vor allem bei „guter Laune" erfolgreich, denn Emotion und Kognition hängen eng zusammen.[21] Es braucht also Methoden, die *positive Emotionen* hervorrufen, die den *Spaß* am Arbeiten und Lernen befördern, die an Wissbegierde und Begeisterung anknüpfen und helfen, sie aufrechtzuerhalten. Hierzu gehören auch Methoden, die einen spielerischen Charakter haben oder auf einen Wettbewerb hinauslaufen. (Vgl. z.B. ⇨Der Grosse Preis, ⇨Drei Gewinnt)

-   Wissensaneignung wird durch *kommunikative Prozesse* unterstützt, die Selbst-Vergewisserungen durch den Prozess der Versprachlichung ermöglichen.[22] Methoden sollten folglich das Versprachlichen von Fragen, Gedanken, Erkenntnissen und das miteinander Sprechen ermöglichen und fördern. (Vgl. z.B. ⇨Dialog, ⇨Zielscheibe)

-   Konstruktives und erfolgreiches historisches Lernen benötigt fachspezifisch bedeutsame *Lernaufgaben*, die „einen Bezug zu den Lernenden anbieten und sie zum historischen Erzählen anregen".[23] Methoden sollten, mit durchdachten und angemessen formulierten Aufgaben verknüpft, das *eigenständige Erzählen* von Geschichte herausfordern. (Vgl. z.B. ⇨Filmleiste, ⇨Bildkartei)

-   Das Gelernte wird dann verankert, wenn es narrativiert und *präsentiert* wird, sich der Nachfrage, der Kritik und der Bestätigung, sowie der Diskussion stellt.[24] Dies verlangt nach Methoden, die einen hohen Aktivitätsgrad möglichst vieler Lernender für die Präsentationsphase aufweisen. (Vgl. z.B. ⇨Galerie, ⇨Markt)

-   Historisches Lernen muss sich der fachspezifischen Werkzeuge bedienen und dafür sorgen, dass die Lernenden wissen und er-

---

20 Vgl. Spitzer 2007, S. 421 und insbesondere für das historische Lernen: Völkel 2009; sowie Schulz-Hageleit 2009.
21 Vgl. Spitzer 2007, S. 165-167 und Herrmann 2006, S. 88.
22 Vgl. Wenzel 2007, S. 191-204 und Gautschi 2009, S. 268ff.
23 Gautschi 2009, S. 268 und vgl. auch Wenzel 2007, S. 77-86.
24 Vgl. Günther-Arndt 2007, S.205-220.

fahren, *was historisches Lernen bedeutet*, „wozu es dient und wie man es erfolgreich praktiziert"[25] Methoden sollten daher in dieses Lernen einführen, es zur Anwendung bringen und reflektieren. (Vgl. z.B. ⇨Archive, ⇨(Fiktives) Interview)

–   Lernen ist ein kumulativer Prozess, der an Vorhandenes anknüpfend, Neues in die Wissensstruktur ergänzt, es einbindet und zu komplexer werdenden Strukturen aufbaut und vernetzt.[26] Hierfür werden Methoden benötigt, die für *Kumulation* und *Integration* in die semantischen Netzwerke sorgen. (Vgl. z.B. ⇨Advance Organizer, ⇨Graffiti)

–   Lernen erfolgt dann mit anhaltendem Erfolg, wenn *eigenständig strukturiert* wird.[27] Daher sind Methoden sinnvoll, die helfen, Gelerntes zu sortieren, zusammenzufassen und zu strukturieren. (Vgl. z.B. ⇨Kartenmethoden: Dreiergespräch, Sortieren & Strukturlegen)

–   Lernen muss *Sicherung, Wiederholung* und *Übung* integrieren und immer wieder zur Anwendung gelangen, wenn es auf Dauerhaftigkeit angelegt sein soll.[28] Insofern müssen Methoden diese Elemente aufnehmen und sie interessant für Lernende aufbereiten. (Vgl. z.B. ⇨Kettenquiz, ⇨Spickzettel)

–   Lernen führt dann zu verbesserten *Behaltensleistungen*, wenn nicht nur kognitive und emotionale, sondern auch *metakognitive Prozesse* angeregt werden. Hier wirken Methoden unterstützend, die ein gegenseitiges Erklären[29] und gemeinsames Auswerten beinhalten.[30] (Vgl. z.B. ⇨Kartenmethoden: Erklären & Präsentieren, ⇨Stummfilmvertonung)

–   Lernen benötigt die *Reflexion* auf der *Metaebene*, nicht nur über die historischen Inhalte, sondern auch über die Methoden des Lernens und damit einhergehend eine Einschätzung der Qualität der beteiligten Faktoren.[31] Es braucht daher Methoden, die die kritische Einschätzung der Lernenden, auch in der Bewertung der eigenen Lernerfolge und Lernwege, durchdenken. (Vgl. z.B. ⇨SMS, ⇨Stimmenfang)

---

25 – Gautschi 2009, S. 267.
26   Vgl. Wahl 2006, S. 139ff.
27   Vgl. Spitzer 2007, S. 453.
28   Vgl. Spitzer 2007, S. 410. Viele Anregungen hierzu finden sich bei: Kneile-Klenk, 2008.
29   Vgl. Wenzel 2009.
30   Vgl. Adamski 2008, S. 3, der sich hier auf Konrad und Traub bezieht.
31   Vgl. Gautschi 2009, S. 267f.

1.5 Ideen und Quellen für die hier vorgestellten Methoden

Vorweg: Dass nicht *alle* Methoden für *allen* Unterricht ergiebig oder auch nur brauchbar sind, zeigen wiederum viele Unterrichtsbeobachtungen und -erfahrungen. Wohlmeinend und engagiert versuchen gerade Anfänger/innen oft einen methodisch ansprechenden und kurzweiligen Unterricht zu gestalten, in dem jedoch häufig das Verfahren im Mittelpunkt des Unterrichts steht und das historische Lernen dahinter „verschwindet".

Dies kann jedoch nicht zur pauschalen Abwertung allgemeindidaktischer Anregungen führen.[32] Vor allem in der allgemeinen Didaktik bin ich fündig geworden, gibt es doch inzwischen zahlreiche Werke, die Methodenvielfalt als wichtiges Element für individuelles, kooperatives und abwechslungsreichen Lernen und Lehren propagieren und auch konkrete Hinweise und Verfahrensweisen hierfür anbieten.[33]

Für diesen Band wurden folglich verschiedene Methodensammlungen analysiert. Dabei wurden solche, die für den Geschichtsunterricht eine Relevanz aufzeigen, ausgesucht, für das historische Lernen sinnvoll adaptiert und aufbereitet. Weitere neue Methoden wurden zusätzlich entwickelt und ergänzt.

1.6 Zum Aufbau des Buches

Dieser EINLEITUNG (1.) folgt eine TABELLARISCHE ÜBERSICHT (2., S. 18). Sie listet alle Methoden in der Reihenfolge, wie sie im Buch beschrieben werden, (alphabetisch) auf. Gleichzeitig hält diese Tabelle Informationen bereit, die die Auswahl der Methoden nach bestimmten Kriterien erlaubt. Hierzu gehören die Rubriken „Sozialform/en", „Didaktische Funktion", „Zeit" und andere.

Im Anschluss wird die STRUKTUR (3., S. 22) vorgestellt, nach der alle Methoden aufbereitet sind. Hier kann man sich informieren, welche Informationen bei welchen Überschriften und welchen Icons zu finden sind. Darüber hinaus werden hier knappe Ausführungen und Definitionen, etwa zum Verständnis von fachdidaktischen Prinzipien und Kompetenzen, gegeben.

Schließlich erfolgt der Hauptteil, der aus den METHODEN (4., S. 28) selbst, alphabetisch angeordnet, besteht. Die „Vorstellung" der Methoden erfolgt zur besseren Orientierung entlang der zuvor aufgeschlüs-

---

32 Vgl. Pandel 1999, vor allem S. 285 ff.
33 Vgl. z.B. Müller 2004, Thal & Vormdohre 2006.

selten Struktur. Sie ist übersichtlich gestaltet, schnell zu erfassen und umfasst alle wichtigen Informationen, um die jeweilige Methode nicht nur kennenzulernen, sondern sie auch erfolgreich im eigenen Unterricht zur Anwendung zu bringen. Hierzu gehören z.B. die Rubriken „Ziel/e" oder „Beschreibung/Durchführung".

Weiterhin werden relevante didaktische Überlegungen und Zielsetzungen bedacht, die zu einer ausführlichen und fundierten Unterrichtsplanung gehören (wie die zur Geltung kommenden „fachdidaktischen Unterrichtsprinzipien" oder der „Kompetenzbezug", in dem die jeweilige Methode steht).

Die Verwendung der Icons ermöglicht ein rasches Wiedererkennen der einzelnen Sektionen und erlaubt einfache Verweise in den Abschnitten untereinander.

Nicht vorgesehen ist die Angabe der Eignung der Methoden für bestimmte Klassenstufen oder Lernalter. Ursache hierfür ist die Erfahrung, dass die meisten Methoden für fast alle Lernenden von Klasse 5 bis zum Abitur in Frage kommen; eine Konkretisierung und damit Anpassung an das jeweilige Lernalter und -niveau muss ohnehin jeweils durch die Lehrenden geleistet werden.

Am Ende der jeweiligen Methoden-Darstellung finden sich Literaturhinweise sowie zum Teil Weblinks.

1.7 Was dieser Band nicht leistet

– Es besteht kein Anspruch auf Vollständigkeit, denn es gibt (zum Glück) noch viel mehr für den Geschichtsunterricht geeignete Methoden.

– Methoden haben, so ist deutlich geworden, eine dienende Funktion und können z.B. fehlende oder schlecht ausgewählte Inhalte oder eine an den Interessen und den Möglichkeiten der Lernenden vorbeigehenden Themenstellung des Unterrichts nicht ausgleichen.

– Es gibt keine spezifischen methodischen Ideen für die im Geschichtsunterricht wichtige Quellenarbeit im Allgemeinen oder zur Text- und Bildarbeit im Besonderen. Gleichwohl kommen auch solche in den hier vorgestellten Methoden reichlich vor (z.B. ⇨ARCHIVE, ⇨BILDKARTEI).[34]

---

34 Vgl. hierzu anregungsreiche Bände aus Wochenschau-Reihe „Methoden Historischen Lernens", in der auch dieser Band erschienen ist.

- Das Lehr-Lern-Konzept SOL (selbstorganisiertes Lernen) wird in seiner Komplexität nicht vorgestellt, wohl aber sind mehrere, dieses Konzept kennzeichnende Methoden (z.B. ⇨GRUPPENPUZZLE, ⇨KARTENMETHODEN u.a.) berücksichtigt, da sie auch unabhängig von dem konzeptuellen Lernarrangement zum Gelingen des Unterrichts beitragen können.

- Auch die gut für den Geschichtsunterricht geeignete, umfangreiche Methode des Stationenlernens ist hier nicht berücksichtigt. Sie umfasst gleich mehrere Unterrichtsstunden und bedürfte, will man diesem Lernarrangement gerecht werden, wie auch das Konzept SOL einer eigenen Publikation.

Nicht jede Methode kann alles leisten, und auch ein ganzer Methodenband kann nicht allen Anforderungen des Geschichtsunterrichts gerecht werden; das mögen Binsenwahrheiten sein, sie sollen aber dennoch Erwähnung finden.

1.8 Ausblick

Jede Methode hat ihre Besonderheiten und ihre eigenen Stärken – gelegentlich auch ihre besonderen Schwächen. Insofern ist es nicht nur nützlich, sondern geradezu notwendig, als Lehrer und Lehrerin über einen umfangreichen Fundus zu verfügen.

Die vorgestellten Methoden werden jeweils spezifisch für den Geschichtsunterricht durchdacht und für ihn aufbereitet. Trotz dieser „Zuspitzung" werden Leserinnen und Leser die Methoden in der vorgestellten Form so oder ähnlich auch für andere Fächer (vor allem z.B. für Politik, Religion, Ethik, LER, Philosophie, Deutsch, Geografie, aber auch weitere Fächer) nutzen können.

In der Anwendung der verschiedenen Methoden sollten die Lernenden nicht nur strukturiert und verständlich in ihre Abläufe eingeführt werden, sondern es sollte auch Transparenz über die Möglichkeiten, die die jeweiligen Methoden für das historische Lernen beinhalten, geben. Dies kann z.B. im gemeinsamen Gespräch auf der Metaebene reflektiert werden: Was und wie haben wie gelernt?

Immerhin 58,2 Prozent der in Gautschis Untersuchung als gut befundenen Stunden gehören der Unterrichtsform „aufgabenbasiert" an. Aufgabenbasierter Unterricht erfordert Methoden![35]

---

35 Vgl. Gautschi 2009, S. 239.

Verfügen Lehrerinnen und Lehrer über eine gute Spannbreite prak-
tikabler Methoden, sorgen sie nicht nur für Abwechslung und anre-
gungsreichen Unterricht, sondern können auch den unterschiedlichen
Anforderungen, denen sie sich durch PISA, Kompetenzorientierung,
Forschungen zu *gutem* Unterricht u.a. stellen müssen und wollen, gerecht werden.

1.9 Literatur

ADAMSKI, Peter: Gruppenarbeit und kooperatives Lernen. In: Geschichte Lernen 123/2008.

BRUNNER, Ewald J.: Lehrer-Schüler-Interaktion. In: ROST, Detlef H.
(Hrsg.): Handwörterbuch Pädagogische Psychologie, Weinheim
2006, S. 381-387.

FTHENAKIS, Wassilios E.: Ko-Konstruktion: Lernen durch Zusammenarbeit. In: Kinderzeit 3/2009, S. 8-13.

GAUTSCHI, Peter: Guter Geschichtsunterricht, Schwalbach/Ts. 2009.

GÜNTHER-ARNDT, Hilke: Historisches Wissen präsentieren. In: GÜNTHER-
ARNDT, Hilke (Hrsg.): Geschichtsmethodik, Berlin 2007, S. 205-220.

HELMKE, Andreas: Unterrichtsqualität erfassen, bewerten, verbessern,
Seelze 2003.

HERRMANN, Ulrich: Lernen findet im Gehirn statt. Die Herausforderungen der Pädagogik durch die Hirnforschung. In: CASPARY,
Ralf (Hrsg.): Lernen und Gehirn. Der Weg zu einer neuen Pädagogik, Freiburg i. Br. 2006, S. 85-98.

KLIEME, Eckard u.a: Zur Entwicklung nationaler Bildungsstandards.
Expertise, BMBF, Bonn/Berlin 2007.

KNEILE-KLENK, Karin: Pauken oder Lernen? Abwechslungsreich Wiederholen und Festigen im Geschichtsunterricht, Schwalbach/Ts.
2008.

MEYER, Hilbert: Was ist guter Unterricht? Berlin 2004.

MÜLLER, Frank: Selbstständigkeit fördern und fordern, Weinheim/
Basel 2004.

PANDEL, Hans-Jürgen: Postmoderne Beliebigkeit? In: GWU 50/1999,
S. 282-291.

RAHMENLEHRPLÄNE GESCHICHTE, Sek. I und II für die Länder Berlin und Brandenburg, vgl. http://bildungsserver.berlin-brandenburg.de/rahmenlehrplaene.html

ROTH, Gerhard: Möglichkeiten und Grenzen von Wissensvermittlung und Wissenserwerb. In: CASPARY, Ralf (Hrsg.): Lernen und Gehirn. Der Weg zu einer neuen Pädagogik, Freiburg i. Br. 2006, S. 54-84.

SCHIRP, Heinz: Was können neurobiologische Forschungsergebnisse zur Weiterentwicklung von Lehr- und Lernprozessen beitragen? In: CASPARY, Ralf (Hrsg.): Lernen und Gehirn. Der Weg zu einer neuen Pädagogik, Freiburg i. Br., 2006, S. 99-127.

SCHULZ-HAGELEIT, Peter: Erfahrung/Erfahrungsunterricht. In: MAYER, Ulrich u.a. (Hrsg.): Wörterbuch Geschichtsdidaktik, 2. Aufl. Schwalbach/Ts. 2009, S. 51.

SPITZER, Manfred: Lernen. Gehirnforschung und die Schule des Lebens, Heidelberg 2007.

THAL, Jürgen/VORMDOHRE, Karin: Methoden und Entwicklung, Hohengehren 2006.

VÖLKEL, Bärbel: Handlungsorientierung. In: MAYER, Ulrich u.a. (Hrsg.): Wörterbuch Geschichtsdidaktik, 2. Aufl. Schwalbach/Ts. 2009, S. 95.

WAHL, Diethelm: Lernumgebungen erfolgreich gestalten, Bad Heilbrunn 2006.

WENZEL, Birgit: Geschichte erklären. In: VOGT, Rüdiger (Hrsg.): Erklären. Gesprächsanalytische und fachdidaktische Perspektiven, Tübingen 2009, S. 169-187.

WENZEL, Birgit: Aufgaben im Geschichtsunterricht. In: GÜNTHER-ARNDT, Hilke (Hrsg.): Geschichtsmethodik, Berlin 2007, S. 77-86.

WENZEL, Birgit: Historisches Wissen kommunizieren. In: GÜNTHER-ARNDT, Hilke (Hrsg.): Geschichtsmethodik, Berlin 2007, S. 191-204.

2. Tabellarische Übersicht über die Methoden

Die Tabellarische Übersicht verwendet folgende Abkürzungen: EA = Einzelarbeit, PA = Partnerarbeit, (K)GA = (Klein-)Gruppenarbeit, PL = Plenum, HA = Hausaufgabe. Die Zeitangabe „s.h." bezeichnet eine Schulstunde von 45 Minuten.

Methode	Sozialform/en	Didaktische Funktion	Zeit	Aufwand	Geeignete Themen
Advance Organizer	PL	Einführung, Problemaufriss, Überblick über neue Einheit	5-10'	Mittel	Nichtlineare Themen, bes. für selbstorganisiertes Lernen
Archive	EA, PA, KGA	Erarbeitung als Informationsbeschaffung und -aufbereitung	1-x s.h.	Sehr hoch	Jedes Thema
Audioguide	GA, PA	Weiterarbeit & Präsenation von GA-Ergebnissen/wiederholende Zusammenfassung	45-90'/30-45'	Technisch hoch	Themen, die sich für arbeitsteilige GA eignen/alle Themen
Aushandeln	EA, PA bis GA	Erarbeitung als mehrschrittige, abstimmende Lösungsfindung	Ca. 30'	Eher gering	Jedes historisch relevante Problem
Bildkartei	EA, PA bis KGA, PL	Narrativieren, Vernetzen und Strukturieren von Inhalten, kreatives Schreiben	20-45'	Mittel	Themen, für die ein abwechslungsreiches Spektrum an Bildern vorliegt
Das Leben ist ein Fluss	PA	Erarbeitung, Vetiefung, Sicherung	Ca. 35'	Eher gering	Biografien
Denkblatt	EA	Einführung, Problemaufriss, auch Vertiefung und Sicherung	5-10'	Sehr gering	Jedes Thema

Methode	Sozialform/en	Didaktische Funktion	Zeit	Aufwand	Geeignete Themen
Der große Preis	PL	Wiederholung, Festigung, mit Wettbewerbscharakter	Ca. 45'	Eher gering	Jedes Thema
Dialog	PA	Erarbeitung in dialogischer Aufbereitung von Informationen	Ca. 45'	Gering bis eher hoch	Themen, die durch bestimmte/typische Personen repräsentiert sind
Drei gewinnt	KGA	Wiederholung/Festigung mit Wettbewerbscharakter	20-35'	Hoch	Jedes Thema
Filmleiste	EA oder PA	Erarbeitung, zusätzlich Sicherung und Anwendung bzw. Plausibilisierung zeitlicher/sachlogischer Abläufe; Klärung methodischen Vorgehens	5-20'	Mittel bis hoch	Themen, die einen spezifischen, typischen oder produktionsorientierten historischen Ablauf verdeutlichen oder ein methodisches Vorgehen ordnen
Galerie	KGA	Dezentrale Präsentations- und Sicherungsform (im Anschluss an GA)	15-30'	Eher gering	Nichtlineare, gut aufteilbare Themen
Gitterrätsel	EA oder PA	Spielerische Wiederholung	5-10'	Gering	Jedes Thema
Graffiti	GA	Erfassen von Lernvoraussetzungen (Einstieg) oder Sicherung und Strukturierung von Arbeitsergebnissen (Festigung)	1-2 s.h.	Gering	Nichtlineare Themen, die sich in Teilthemen aufgliedern lassen
Gruppenpuzzle	EA und GA, PL	Erarbeitung/Vermittlung in einander abwechselnden Sozialformen	1-2 s.h.	Gering bis hoch	Themen, die sich in gleichberechtigte nichtlineare Teilthemen aufteilen lassen

19

Methode	Sozialform/en	Didaktische Funktion	Zeit	Aufwand	Geeignete Themen
Ich sehe so, wie du nicht siehst!	KGA und PL	Vertiefung, Einübung in die Multiperspektivität	Ca. 45'	Mittel	Themen, mit unterschiedlichen kontroversen Perspektiven.
(fiktives) Interview	EA oder PA, PL	Gesprächsorientierte Erarbeitung eines Teilthemas, Vertiefung	20–30'	Mittel	Themen der Alltagsgeschichte (Menschen und ihre Schiksale)
Kartenmethoden:					
a: Erklären	Alle, bzw. DT	Erarbeiten, Festigen		Gering	Jedes Thema
b: Sortieren	EA oder DT, Plenum	Wiederhoung, Vergewisserung		Sehr gering	
c: Dreiergespräch	DT	Wiederhoung, Vergewisserung, Lücken füllen	Je ca. 10–25'	Sehr gering	
d: Präsentieren	EA, PL	Wiederhoung, Festigung, Vergewisserung		Sehr gering	
e: Abgeordnete	DT und PL	Wiederhoung, Festigung, Vergewisserung		Sehr gering	
f: Strukturlegen	EA und PA	Festigung, Sicherung, Wiederholung		Gering	
g: Test	EA	Individuelle Leistungsüberprüfung		Mittel	
Kettenquiz	PL	Wiederholung und Festigung	5–10'	Mittel	Jedes Thema
Kopfstand	KGA und PL	Hinführung, Problemstellung und -lösung	20–25'	Sehr gering	Problemstellungen, Entscheidungssituationen
Lernbüfett	EA und PA	Erarbeitung, auch Vertiefung und Sicherung	1–3 s.h.	Mittel	Themen, die sich in Teilthemen aufgliedern lassen

Methode	Sozialform/en	Didaktische Funktion	Zeit	Aufwand	Geeignete Themen
Markt	EA und PA	Dezentrale Präsentation von Ergebnissen (im Anschluss an eine GA)	15-30'	Sehr gering	Nichtlineare Themen, die sich zur GA und Visualisierung eignen
Meinungsblatt	EA, GA und PL	Meinungs- und Urteilsbildung	Ca. 30'	Gering	Problemorientierte, kontroverse Themen
Mitbringsel	EA, KGA, PL	Vertiefung (reflexiver Zugang)	10-20'	Sehr gering	Jedes Thema
Objektinterview	PA und PL	Erarbeitung und dialogorientierte Präsentation der Ergebnisse	15-45'	Mittel	Themen, die durch Objekte materialisiert werden
SMS	EA und PL	Individualisierte Sicherung	5-20'	Sehr gering	Jedes Thema
Spickzettel	EA	Wiederholung und Vorbereitung auf eine Kontrolle	5-10' + HA	Sehr gering	Jedes Thema
Stimmenfang	EA und PA, sowie PL	Position beziehen, Festigung, als Lernergebnis, Urteil oder als Feedback.	10-30'	Sehr gering	Jedes Thema
Stummfilmvertonung	GA und PL	Erarbeitung, Vertiefung, Transfer	Ca. 90'	Eher hoch	Themen, bei denen bes. emotionale Aspekte bedeutsam sind
Themen-ABC	Einzel-, Partner- oder Teamarbeit	Einstieg oder (besser) Wiederholung und Festigung	Ca. 15'	Sehr gering	Jedes Thema
Wer oder was bin ich?	Partnerarbeit (mit Wechseln)	Festigung und Wiederholung	Ca. 15'	Gering	Jedes Thema
Zielscheibe	Gruppenarbeit	Sicherung/(begriffliche) Vergewisserung	20-30'	Mittel	An Begriffen orientierte Themen

21

3. Zur Struktur der Methodenvorstellung – eine kommentierte Gliederung

 ## Begriff

Der „Name" der Methode wird knapp erläutert, was einen ersten Hinweis auf das Grundprinzip der Methode ergibt.

 ## Ziel/e

In kurzer Form wird das zu erreichende Ziel erläutert.

 ## Beschreibung und Durchführung

Hier geht es um die Antwort auf die Frage: Wie funktioniert die Methode? Dabei wird sie in ihrem Ablauf, wenn möglich, von „Anfang" bis „Ende" in nachvollziehbaren Schritten als Handlungsanleitung beschrieben.

 ## Hinweise

Die Hinweise können sehr unterschiedlich ausfallen, hierzu gehören Tipps zur Unterstützung (z.B. für Lernschwächere), besondere Verfahrenshinweise, Vorschläge für Regeln usw.

 ## Vorbereitung

Alles, was in der Vorarbeit notwendig ist, z.B. im Blick auf bestimmte Materialien, findet man hier.

 ## Material

Unter diesem Punkt findet sich eine Checkliste für alle notwendigen Materialien.

Sozialform/en

Dieser Bereich gibt Auskunft über die in der Methode zur Geltung kommenden Sozialformen, von der Einzel-, über die Partner- und Kleingruppen- oder Großgruppenarbeit bis hin zum Plenum. Bei vielen der Methoden gibt es in ihrem Ablauf unterschiedliche Sozialformen oder auch Variationsmöglichkeiten.

Dauer

An dieser Stelle ist nachzulesen, wie viel Zeit in der Umsetzung in etwa veranschlagt werden muss.

Geeignete Themen

Hier werden (noch) keine konkreten Themen genannt, sondern Kriterien erörtert, sodass eine sinnvolle Kombination der jeweiligen Methode mit historischen Themen möglich wird.

Beispiele

In dieser Tabellenspalte finden sich konkrete Vorschläge von Themen oder Aufgabenstellungen, d.h. die Methode wird beispielhaft mit historischen Stoffen verknüpft.

Chancen und Stärken

Hier gibt es Auskünfte über die besonderen Lernchancen und Stärken der Methode, und zwar unterschieden nach *Lernenden* und *Lehrenden*.

Risiken und Schwächen

In dieser Sektion werden die möglichen Schwächen und Risiken der Methode problematisiert, und zwar in der Regel unterschieden nach *Lernenden* und *Lehrenden*.

Aktivitätsanteile

Wer ist wie und in welchen Phasen und Zusammenhängen aktiv bzw. rezeptiv, wer verhält sich gestaltend, moderierend oder auch beobachtend? Auch in diesem Bereich wird nach *Lernenden* und *Lehrenden* unterschieden. Das in der Regel komplementäre Verhältnis beider Gruppen wird hier ersichtlich.

 ## Motivation

Worin das besondere Motivationspotential einer Methode liegt, wird an dieser Stelle vorgestellt. Als motivierend gilt Unterricht in diesem Zusammenhang dann, wenn sich die Lernenden mit Freude und Engagement auf den Lerngegenstand und die durch die Methode vorgegebenen Lernwege einlassen, ihre Kompetenzen unter Beweis stellen und erweitern können.

 ## Kompetenzbezug

Im fachdidaktischen Diskurs gibt es zum Kompetenzbegriff noch keinen Konsens. So gibt es bei verschiedenen Didaktikerinnen und Didaktikern sowie in den Rahmenlehrplänen der Bundesländer unterschiedliche Modelle und Begrifflichkeiten, wie auch Zuschnitte von Kompetenzbereichen.

Für diesen Zusammenhang orientiert sich der Kompetenzbezug schwerpunktmäßig an den aktuellen Berliner und Brandenburger Rahmenlehrplänen für die Sekundarstufen I und II. Im Blick auf die Methodenvorstellung in diesem Band wird auf sechs Kompetenzbereiche verwiesen. Deren Vorstellung erfolgt vom Individuum ausgehend, auf das Miteinander im Unterricht übergehend hin zu den fachspezifischen Bereichen.

Selbstkompetenz

Eine Kompetenz, die vor allem das reflektierte und selbstreflexive Geschichtsbewusstsein des Individuums und seine Narrativität entwickelt und ausweist sowie die Kompetenz, Wissen aktiv und eigenständig zu speichern, zu vernetzen und abzurufen.

Sozialkompetenz

Eine Kompetenz, die vor allem auf kooperative Kommunikations-, Interaktions- und Handlungsformen abzielt und insofern nicht domänenspezifisch, sondern als Teil einer übergeordneten, allgemeinen Handlungskompetenz verstanden wird.

Deutungskompetenz

Eine Kompetenz, die Geschichtsrepräsentationen unterschiedlichster Art nutzt, um Geschichte selbst und neu zu erzählen, zu rekonstruieren.

Analysekompetenz
Eine Kompetenz, mittels derer die Deutungen anderer analysiert werden, d.h. Narrationen und Präsentationen von Geschichte werden dekonstruiert.

Methodenkompetenz
Eine Kompetenz, historische Phänomene mit fachspezifischen Methoden bei Einbeziehung unterschiedlichster Repräsentationen auf der Grundlage von leitenden Fragestellungen zu untersuchen, dabei unterschiedliche Gattungen zu unterscheiden und die Ergebnisse unter Nutzung adäquater Medien zu präsentieren.

Urteils- und Orientierungskompetenz
Eine Kompetenz, die sich vor allem darin zeigt, dass die Lernenden für historische und gegenwärtige Problemstellungen zwischen Sach- und Werturteilen unterscheiden und sie selbst treffen können (*Schwerpunkt Urteilskompetenz*) sowie die Fähigkeit, Werte, Normen und Urteile in Vergangenheit und Gegenwart im Blick auf die eigene Verortung und Identitätsbildung zur Orientierung kritisch zu nutzen (*Schwerpunkt Orientierungskompetenz*).

Die einzelnen Kompetenzbereiche weisen Überschneidungen auf und arbeiten sich gegenseitig zu. Der Verweis auf sie in der tabellarischen Vorstellung der Methoden kann nicht umfassend sein, sondern versteht sich als Hinweis auf die jeweiligen Schwerpunkte.

Fachdidaktische Prinzipien

Fachdidaktische Prinzipien bilden Leitlinien für den Unterricht, die Zugänge bzw. Zugriffe auf die Stoffe regeln und leiten. Für den Geschichtsunterricht sind unterschiedliche Prinzipien relevant, die kongruent zu den Inhalten, aber auch zur Methoden- und Medienwahl sein sollten. So wie es im Unterricht Überschneidungen verschiedener Prinzipien gibt, berücksichtigen und ermöglichen auch die vorgestellten Methoden zum Teil mehrere der folgenden bedeutsamen fachdidaktischen Prinzipien, die hier nur in aller Kürze (alphabetisch geordnet) erläutert werden können:

Exemplarisches Lernen
Geschichte ist viel zu komplex, um in ihrer (selbst für Expert/innen) unüberschaubaren Fülle vollständig Eingang in den Geschichtsunterricht finden zu können. Daher müssen unter fachspezifischen Aspekten geeignete Beispiele ausgewählt werden, die exemplarisch für z.B. ein Problem oder einen Zusammenhang stehen und für diese aussagekräftig sind, ohne sie unzulässig zu verkürzen. Die Exempel müssen, unter

didaktischen Aspekten ausgewählt und reduziert, für die Lernenden überschaubar und verstehbar sein sowie anschaulich aufbereitet werden.

Forschend-entdeckendes Lernen

Lernen ist vor allem erfolgreich, wenn es die Neugier und das Interesse der Lernenden befriedigt und ihre Selbsttätigkeit anregt. Forschend-entdeckendes Lernen macht das eigenständige Fragen, Recherchieren, Aufbereiten und Präsentieren zum Prinzip und unterstützt die Lernenden dabei gezielt.

Gegenwarts- und Zukunftsbezug

Jede Beschäftigung mit Geschichte ist an die jeweilige Gegenwart und ihre spezifischen Fragen an die Geschichte gebunden. Historische Themen können überdies viel zum Verständnis der Gegenwart beitragen und Lernende in ihrer Orientierung hinsichtlich aktueller Fragen und Gegenwartsprobleme unterstützen. Hier ist auch die Frage, was und wie wir aus der Geschichte lernen können, anzusiedeln. Ebenso sind das Erinnern und die Einbeziehung von Geschichte unerlässlich, wenn es darum geht zu beschließen, welche Fragen im Blick auf die Zukunft gestellt und welche Entscheidungen getroffen werden sollen. Die Bedeutsamkeit von Geschichte für Gegenwart und Zukunft, oft über das Vordergründige hinaus, wird durch dieses Prinzip in den Unterricht integriert.

Handlungsorientierung

Lernen wird durch Handlungen und Erfahrungen, die Geschichte nachvollziehen, simulieren usw. leichter versteh- und besser speicherbar. Das Prinzip der Handlungsorientierung ergänzt zu den überwiegend kognitiven Prozessen des Unterrichts konkrete Handlungen und Aktionen, die wiederum metakognitiv durchdacht und ausgewertet werden müssen.

Kontroversität

Unterschiedliche und kontroverse Deutungen und Beurteilungen historischer Prozesse – auf der Ebene der Nachgeborenen und Expert(inn)en – werden zur Auseinandersetzung mit Geschichte herangezogen.

Lebensweltbezug/Schülerorientierung

In ihrem konkreten Lebensumfeld sind die Lernenden von „Selbstverständlichkeiten" (wie dem Recht, eine Religion zu praktizieren), aber auch von Problemen (wie Gewalt und Terroranschlägen) umgeben. Das Prinzip des Lebensweltbezugs sucht gezielt Verknüpfungen zwischen den historischen Themen des Unterrichts und den alltäglichen Erfahrungen der Lernenden bzw. wählt letztere auch als Filter für die Auswahl der Unterrichtsthemen. Die Schülerorientierung zielt darauf ab, die Interessen und Bedürfnisse der Lernenden wahr- und aufzunehmen und sie mit dem Geschichtsunterricht zu verknüpfen.

Multiperspektivität
Auf der Ebene der historischen Akteure und Betroffenen werden verschiedene Perspektiven, mindestens aber zwei, berücksichtigt. Hierdurch wird deutlich, dass es „die eine" Geschichte nicht gibt, sondern Deutungen von den jeweiligen Standorten abhängig sind.

Pluralität
Auch auf der Ebene der Lernenden gibt es durch unterschiedliche Prägungen und im Blick auf die Geschichte sich unterscheidende Sichtweisen und Urteile. Pluralität sorgt dafür, dass diese bewusst und zur Sprache gebracht sowie in der Diskussion verhandelt werden.

Problemorientierung
Lernen erfolgt dann erfolgreich, wenn es an realen Problemen orientiert ist. Auch Geschichtslernen verfolgt keinen Selbstzweck und ist nicht (mehr) am zusammenhanglosen oder aneinanderfügenden Erlernen von Fakten, Zahlen oder Ereignissen orientiert. Bei diesem Prinzip geht es vielmehr um wirkliche Problemstellungen, die in ihrem historischen Kontext behandelt werden. Dabei kann es um ein Gegenwarts-, ein Epochen- oder auch ein Forschungsproblem gehen, das in den Horizont der Lernenden geholt wird.

Wissenschaftsorientierung
Trotz didaktischer Reduktion und Vereinfachung komplexer Stoffe soll Unterricht an den aktuellen Fragen, Ergebnissen und evtl. Kontroversen der Geschichtswissenschaft orientiert sein und den Diskurs über die Forschung (angemessen) abbilden.

Weiterarbeit

Welche Schritte sollten oder könnten sich sinnvoll an die Methode anschließen? Hier gibt es Hinweise dafür.

Variation/en

Für viele der vorgestellten Methoden gibt es interessante Variationsmöglichkeiten. Sie können, zur Anwendung gebracht, das Methodenrepertoire ergänzen und erweitern.

Weitere Informationen

An dieser Stelle befinden sich Verweise auf zugrundeliegende bzw. ergänzende Literatur oder auch zusätzliche nützliche Hinweise.

4. Methoden von A bis Z

Advance Organizer

 Begriff

Der Advance Organizer ist eine vorausgehende Lernhilfe, eine Orientierung, die vorab gegeben wird. Als deutscher Begriff wird auch „Lernlandkarte" verwendet.

 Ziel/e

Zu Beginn einer Unterrichtseinheit sollen die Lernenden informiert werden, und zwar in erster Linie über die Inhalte, mit denen sie sich zu einem Thema beschäftigen werden. Durch die Visualisierung mittels des Organizers bekommen sie einen Überblick über die Schwerpunkte der zukünftigen Arbeit. Dabei werden Vernetzungen der Inhalte durch entsprechende Zeichen und Symbole deutlich. Der Organizer soll nicht ausschließlich neue Informationen enthalten, sondern auch an Bekanntes anknüpfen. Zur Orientierung (Was haben wir schon bearbeitet? Was steht noch aus? Da kenne ich mich jetzt schon aus!) und als Anker soll er während der Unterrichtseinheit im Arbeitsraum, z.B. als großes Plakat, sichtbar bleiben. Insofern verhilft ein Organizer zur Transparenz.

(i) **Beschreibung und Durchführung**

1. Die Lehrkraft bringt zur Einführung in ein neues Thema den Organizer etwa als Plakat mit und hängt ihn – als informierenden Einstieg – für alle sichtbar auf. Das Thema und die hauptsächlichen Aspekte sind gut lesbar, verknüpft mit Symbolen, Zeichnungen, Pfeilen ... auf dem Organizer angeordnet.

2. Der Lehrende erläutert die Bestandteile des Organizers und gibt den Lernenden damit eine Übersicht.

3. Die Lernenden stellen evtl. Fragen.

4. Die Arbeit zum Thema beginnt, z.B. mit dem ⇨Gruppenpuzzle.

Hinweise

- ✓ Ein Organizer eignet sich für nicht-lineare Themen und gibt eine Übersicht über die zu behandelnden Teilthemen.
- ✓ Er gehört zu den Arbeitsweisen des selbstorganisierten Lernens (SOL), einem umfassenden Lehr-Lern-System.
- ✓ Der Organizer macht das Wesentliche einer Unterrichtseinheit sichtbar und weist auf die zentralen Inhalte und Fragen hin.
- ✓ Der Organizer darf nicht nur aus (Schlag-)Wörtern bestehen, sondern sollte zusätzlich Zeichen, Bilder, Symbole und (farbliche) Zuordnungen beinhalten; damit spricht er verschiedene Eingangskanäle an und optimiert den Behaltenseffekt.
- ✓ Er enthält auch für die Lernenden bekannte Elemente (Anker), die der Verknüpfung mit dem Neuen dienen.
- ✓ Der Organizer sollte nicht „überfüllt" sein. Mit zu vielen Begriffen etc. versehen, wird er leicht unübersichtlich. Weniger ist mehr!
- ✓ Zur Erstellung des Organizers sollte man sich als Lehrkraft zunächst über die Ziele der Erarbeitung und die wichtigsten thematischen Aspekte klar werden. Auf Kärtchen geschrieben, kann man auf einem großen Bogen zunächst selbst clustern und Bestandteile hin- und herschieben, bis man zufrieden ist.
- ✓ Ein Organizer sollte so klar strukturiert sein, dass er auch selbsterklärend wirkt.
- ✓ Bestandteile können nicht nur Begriffe und Aussagen sein, sondern sehr gut auch Fragen, die der Unterricht klären soll.
- ✓ Ein Organizer kann auch als Power-Point-Präsentation schrittweise entwickelt werden, sollte aber in seiner Gesamtheit zugänglich sein (als Plakat oder als Kopie für die Lernenden).

Vorbereitung

Mit einem Organizer zu arbeiten bedeutet, eine gesamte Einheit oder Teileinheit im Voraus gut zu planen und die Planung im Organizer übersichtlich und gut strukturiert sichtbar zu machen.

Material

- ✓ Der Advance Organizer als großes Plakat, Folie oder Power-Point-Präsentation (evtl. zusätzlich als Kopie für den Hefter)

Sozialform/en

Der Organizer wird im Plenum vorgestellt

 Dauer

Ca. 5 - 10 Minuten, je nach Komplexität des Organizers

 Geeignete Themen

Im Sinne von SOL eignen sich nichtlineare Themen, die in möglichst gleichgroße Sinneinheiten aufgeteilt werden können.

 Beispiele

Thema: *Die Olympische Spiele der Antike*, 5. Klasse.

Der Fragenspeicher ist angelegt, um die im Unterricht entstehenden Fragen der Lernenden aufzunehmen (und im Unterricht zu beantworten).

Abb. 1: Olympische Spiele der Antike (Foto: *Birgit Wenzel*)

Beispiel eines Organizers aus einem fachdidaktischen Seminar, TU-Berlin.

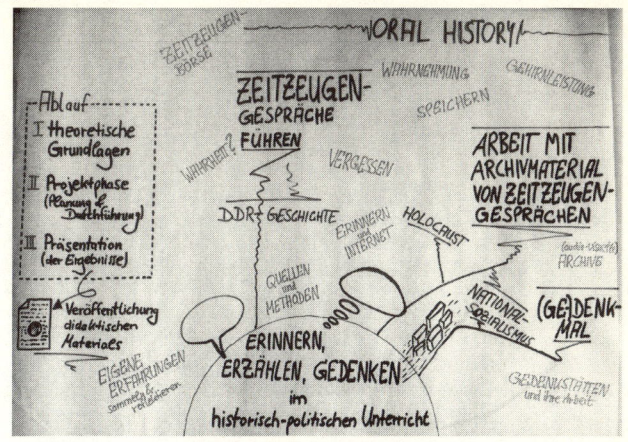

Abb. 2: Seminar-Organizer (Foto: *Bodo Paul Hoffmann*)

Chancen und Stärken

Lernende ...

✓ erhalten einen informativen Überblick über ein neues Thema;
✓ erkennen Bekanntes und nehmen Neues wahr;
✓ können sich gut auf eine Unterrichtseinheit einlassen, weil sie vor-informiert sind;
✓ können sich im Laufe der Unterrichtseinheit mit Hilfe des Orga-nizers über den Stand der Arbeit und ihres Wissens vergewissern;
✓ können Wissen besser integrieren und behalten.

Lehrende ...

✓ können im Organizer gebündelt eine Vorausschau über ihr Unter-richtsvorhaben geben.

Risiken und Schwächen

Als Schwäche könnte man allenfalls die eher rezipierende (statt selbst aktiv produzierende) Schülerrolle ansehen; vgl. aber auch §.

Aktivitätsanteile

Aktivitätsanteile der Lernenden

✓ Jede/r ist mit dem Anschauen, Aufnehmen, Nachfragen und Verarbeiten beschäftigt; die Aufmerksamkeit ist gebündelt.

Aktivitätsanteile der Lehrenden

✓ Sie sind für die Planung des Unterrichts, die Aufbereitung im Advance Organizer sowie die Präsentation zuständig, tragen hier also einen hohen Aktivitätsanteil.

 Motivation

Ein gut gemachter, strukturierter, anschaulich und interessant gestalteter Organizer motiviert als Hingucker. Die Inhalte können nicht nur durch die Aufbereitung, sondern auch durch die Themenformulierung, Fragestellungen etc. ansprechen und zur folgenden Erarbeitung motivieren.

 Kompetenzbezug

Alle Kompetenzen können, durch den Organizer angeregt, im sich anschließenden, erarbeitenden Unterricht gefördert werden.

Die Beschäftigung mit dem Organizer selbst fördert am ehesten die

Selbstkompetenz,
indem sich die Lernenden orientieren und reflektieren, mit welchen Begriffen oder Bildern sie etwas verknüpfen können bzw. welche Inhalte sie zukünftig neu integrieren werden.

 Fachdidaktische Prinzipien

Der Organizer bietet den Einstieg für das

Forschend-entdeckende Lernen
durch die Vorgaben und das „Anreißen" von Themen oder Fragen.

Weiterarbeit

✓ Wie schon angedeutet (vgl. 🖙), ist der Advance Organizer ein Bestandteil des selbst organisierten Lernens (SOL). Nach dem Einstieg per Organizer erarbeiten hier die Lernenden im Sandwichprinzip und mittels des ⇨GRUPPENPUZZLES arbeitsteilig die Teilthemen, um sich dann als Expert/innen gegenseitig zu informieren.

✓ Auch in einem nicht nach den Prinzipien von SOL verfahrenden Unterricht kann mit Bezug auf den Organizer mit unterschiedlichen Methoden weitergearbeitet werden.

Variation/en

Den Vorschlägen zur Variation ist gemeinsam, dass sie die Lernenden in die Erarbeitung des Organizers einbeziehen und sie damit stärker aktivieren und in die Verantwortung auch schon der Planung bzw. der Auswertung des Unterrichts einbeziehen:

✓ Der Organizer könnte mit zunächst nur wenigen Begriffen und Symbolen präsentiert und dann gemeinsam im Zuge des Unterrichts ergänzt und aufgefüllt werden.

✓ Der Unterrichtsplanung könnte das Sammeln von Schülerfragen an das neue Thema vorausgehen, sodass auch ihre Interessen einbezogen werden. Aus diesen kann die Lehrkraft oder auch eine gemeinsame Gruppe, aus Lernenden und der Lehrkraft bestehend, gemeinsam den Advance Organizer entwickeln.

Weitere Informationen

THAL, Jürgen/VORMDOHRE, Karin: Methoden und Entwicklung, Hohengehren 2006, S. 31-33.

WAHL, Diethelm: Lernumgebungen erfolgreich gestalten, Bad Heilbrunn 2006, Kap. 5.3. und S. 279.

Weblinks zu verschiedenen Organizern:
http://www.geschichte-und-neue-medien.de/?p=172
http://www.histomat.org/downloads/downloads.html
http://www.swisseduc.ch/geschichte/aufklaerung/ao/index.html
http://bildungsserver.berlin-brandenburg.de/495.html

Programmtipp zur Organizer-Planung: Freemind (Freeware).

Archive

 Begriff

Archive halten Materialien vor, mit deren Hilfe Informationen zusammengetragen und aufbereitet werden können.

 Ziel/e

Die möglichst unterschiedlichen zur Verfügung stehenden Archive (Übersichten zu Fakten und Daten, Schrift- und Bildquellen etc.) werden im Blick auf eine spezifische Fragestellung durchforstet. Nicht das vollständige Bearbeiten der „Daten" des Archivs ist das Ziel, sondern vielmehr ihre Nutzung zur Erstellung eines Produkts. Solche Produkte können bspw. Texte, Wandzeitungen oder Lernplakate sein.

 Beschreibung und Durchführung

1. Im Unterricht wird gemeinsam eine zentrale Fragestellung erarbeitet, die entweder von allen arbeitsgleich oder auch arbeitsteilig in Einzel-, Partner- oder Kleingruppenarbeit bearbeitet werden soll.
2. Das zu erstellende Produkt und die Ansprüche daran (Umfang, Arbeitszeit, ...) werden definiert.
3. Verschiedene Archive (in der Regel durch die Lehrkraft zur Verfügung gestellt) enthalten die Informationen, die zur erfolgreichen Bearbeitung benötigt werden.
4. Die Lernenden erarbeiten möglichst selbstständig das Produkt und fordern, wenn nötig, Lehrerhilfe ein.
5. Die fertigen Produkte werden vorgestellt, z.B. mit Hilfe der Methoden ⇨GALERIE oder ⇨MARKT, und ausgewertet.

 Hinweise

✓   Die Fragestellung/en, die die Orientierung für die Erarbeitung geben, müssen präzise formuliert und in ihrer Komplexität gut auf die Lerngruppe abgestimmt sein.
✓   Die Angaben zum Produkt müssen klar und sollten für die Lernenden mit nachvollziehbaren Kriterien für z.B. „gute" oder „ausreichende" Leistungen verknüpft sein.
✓   Die Archive sollten weder zu knapp, noch zu ausführlich mit Daten gefüllt sein und durch ihre Materialien zum Stöbern einladen.

✓ Für alle Bereiche bietet sich eine innere Differenzierung an.
✓ Für sprachlich schwache Schülerinnen und Schüler können zusätzliche Hilfsangebote (wie Wörter, Satzmuster oder andere Formulierungshilfen) zur Verfügung gestellt werden.

Folgende Archivsorten bieten sich (in Kombination) an:
✓ *Wissensarchiv*: Fakten, Definitionen, knappe Texte ...
✓ *Bildarchiv*: Bilder (Fotos, Gemälde, Karikaturen, evtl. Rekonstruktionszeichnungen, Skizzen ...)
✓ *Datenarchiv*: historische Daten, Zahlenangaben, Zeitstrahl, Tabellen, Statistiken, Diagramme, Karten, ...
✓ *Fragenarchiv*: Teilfragen, die sich aus der Leitfrage ergeben und den Gegenstand weiter gliedern ...
✓ *Antwortenarchiv*: Evtl. Teilantworten, die gemeinsam mit andern Archivmaterialien z.B. zu einem Text verarbeitet werden können.
✓ *Ideenarchiv*: Anregungen und Ideen für schwierige Thematiken oder Teilaspekte ...
✓ *Beispielarchiv*: Beispiele für Produkte aus anderen Arbeitszusammenhängen, die Hinweise geben (wie Schriftgröße für Plakate, sinnvolle Anordnungen usw.) ...
✓ *Methodenarchiv*: Hinweise für den Umgang mit bestimmten Materialien wie Fotos (wie Methodenseiten aus Schulbüchern) ...

Vorbereitung

Die Vorbereitung ist materialintensiv, da es darum geht, möglichst gute Archive zusammenzustellen.

Auch die präzise formulierten Fragestellungen und die Angaben zu den erwarteten Produkten müssen gut überlegt sein.

Material

✓ Eine immer „sichtbare" Frage- und damit Aufgabenstellung
✓ Konkrete und nachlesbare Angaben zum erwarteten Produkt
✓ Archive mit Materialien, die die notwendigen Daten bereitstellen
✓ Je nach Produkt: Papier, Stifte, Kleber, ...

Sozialform/en

Geeignet für die Einzel-, aber auch für die Partner- bis hin zur Kleingruppenarbeit

 Dauer

Je nach Komplexität der Leitfrage und des Produkts eine bis mehrere
Unterrichtsstunden

 Geeignete Themen

Für die Methode Archive gibt es keinen wirklichen „Ausschluss", keine
„ungeeigneten" Themen, wesentlich bleibt ein den Lernenden angepass-
tes Anforderungsniveau.

 Beispiele

✓ Unterrichtsthema „*Welche Folgen hatte der 30jährige Krieg für
die Bevölkerung?*" Kleingruppen erhalten die Aufgabe, unter-
schiedlichste Materialien zu befragen und Antworten zu finden.
Sie untersuchen z.B. Bildquellen, Statistiken, Textquellen unterschiedlicher Art, Kartenmaterial, ... Teil der Aufgabe sollte auch
sein herauszustellen, welcher Art die Informationen des jeweiligen
Materials sind und damit verknüpft eine Einschätzung der jeweiligen Qualität (auch unter Nutzung des Methodenarchivs).
✓ Im Unterricht werden über eine längere Zeit offen bleibende Fragen im „*Fragenspeicher*" gesammelt. In einer Doppelstunde bearbeiten die Lernenden Fragen mit Hilfe der Archive. Sie verfassen
kurze Antworten auf die Fragen und sammeln alles in einer Wandzeitung.

 Chancen und Stärken

Lernende ...

✓ erarbeiten weitgehend autonom Antworten auf eine historische
Fragestellung;
✓ üben sich im selbstständigen Bearbeiten einer komplexen Aufgabe

und im eigenständigen Bearbeiten verschiedener Materialien, wie Texte, Statistiken, Bilder, Karten etc.;

✓ erstellen ein Produkt und stellen es vor;

✓ lernen Arbeitsweisen von Historiker/innen kennen.

Lehrende ...

✓ können sich in der Erarbeitung weitgehend zurückhalten und ermöglichen ihren Lernenden den Erfolg, Antworten zu finden und ein Produkt zu erstellen.

Risiken und Schwächen

Lernende ...

✓ Bei zu großer Komplexität der Fragestellung oder bei zu vielen Daten in den Archiven könnte ungeübten Lernenden die Luft beim Arbeiten ausgehen.

✓ Die Bearbeitung ist zeitaufwändig.

Lehrende ...

✓ Die Erstellung der Archive ist sehr zeitaufwändig (gerade hinsichtlich der Passung für die Lerngruppe).

Aktivitätsanteile

Aktivitätsanteile der Lernenden

✓ Alle müssen eigenaktiv und intensiv arbeiten.

Aktivitätsanteile der Lehrenden

✓ In der Vorbereitung der Archive ist die Aktivität im Sinne des Arbeitsaufwands als hoch einzuschätzen, insbesondere bei arbeitsteiligen Materialien und bei der Verwirklichung einer Binnendifferenzierung.

✓ In der eigentlichen Arbeit mit den Archiven ist die Lehreraktivität zurückgenommen und entspricht der Rolle der Lernberatung.

✓ In der sich anschließenden Aus- und Bewertung übernimmt die Lehrkraft, je nach Verfahren, überwiegend Moderationsfunktion.

Motivation

Der Motivationscharakter muss hier zunächst von einem „zündenden" Thema, einer die Lernenden interessierenden Fragestellung ausgehen!

Weiterhin werden die Materialien der Archive verantwortlich dafür sein, dass die Lernenden sich mit Spaß und Forschergeist auf die Arbeit einlassen.

Schließlich werden die Erfolge im selbstständigen Arbeiten die Motivation aufrechterhalten.

 Kompetenzbezug

Hier können, abhängig vom Thema, alle Kompetenzen zugeordnet werden, besonders:

Analysekompetenz
durch die Nutzung unterschiedlicher Materialien und Quellen;

Deutungskompetenz
durch die gezielte Aufbereitung der Materialien im Sinne der Frage- oder Aufgabenstellung;

Methodenkompetenz
durch die sachgerechte Anwendung fachspezifischer Methoden;

Selbstkompetenz
durch die eigenständigen Anteile im Recherchieren und Aufbereiten;

Urteilskompetenz,
wenn durch die Aufgabenstellung Sach- oder und Werturteile eingefordert werden.

 Fachdidaktische Prinzipien

Auch im Blick auf die Prinzipien könnten alle zugeordnet werden, besonders bieten sich jedoch an:

Forschend-entdeckendes Lernen
durch die Arbeitsweise;

Handlungs- und Produktorientierung
durch die Arbeitsweise und das zu erstellende Produkt;

Problemorientierung
durch die Themenstellung;

Wissenschaftsorientierung
durch das Archivmaterial.

Weiterarbeit

✓ Die Produkte müssen präsentiert werden, z.B. mittels der Methoden ⇨GALERIE oder ⇨MARKT.
✓ Im Anschluss an die Präsentation der Produkte müssen diese ausgewertet und auch bewertet werden.
✓ Bei arbeitsteiligen Ergebnissen muss entschieden werden, welche für alle relevant sind und wie sie gesichert werden können.
✓ Evtl. bietet sich eine Vervielfältigung für alle an (z.B. alle Texte bilden gemeinsam ein Magazin).

Variation/en

Vgl. ☉ und ↩.

Weitere Informationen

LEISEN, Josef: Methoden-Handbuch DFU, Bonn 2003.

Weblink hierzu (Staatliches Studienseminar Koblenz):
http://www.studienseminar-koblenz.de/bildungswissenschaften/methodenwerkzeuge.htm (Methode 24)

Audioguide

 Begriff

Ein Audioguide führt durch eine Abfolge von Sehenswürdigkeiten in Museen, Stadtteilen usw. und hier durch eine solche im Klassenraum. Er versorgt die interessierten Zuhörer/innen dabei mit kurzen prägnanten Informationen zu dem jeweiligen Interessensgegenstand, vor dem sie stehen.

 Ziel/e

Der Audioguide fasst wesentliche Informationen zu einem fest umrissenen Zusammenhang – eben als Audioaufnahme –, von den Lernenden konzipiert und vertont, zusammen. Er kann sowohl als Form der dezentralen Präsentation von Gruppen-Arbeitsergebnissen (z.B. einer Bildcollage, einer Wandzeitung, einem ⇨DENKBLATT oder einer ⇨FILMLEISTE) als auch – analog zu der Methode ⇨SPICKZETTEL – der Wiederholung eines ganzen Themenfeldes dienen.

 Beschreibung und Durchführung

Je nachdem, mit welcher Zielsetzung der Audioguide eingesetzt wird, ergeben sich unterschiedliche Schritte bei der Durchführung:

a) Bearbeitung eines (Gruppen-)Ergebnisses und dessen Präsentation

1. Im Rahmen eine Gruppenarbeit werden arbeitsteilige Egebnisse erstellt, die sich – ähnlich der Methode ⇨GALERIE – für eine dezentrale Präsentation eignen.

2. In einer kurzen Einstiegsphase für den Guide besprechen bzw. wiederholen die Lernenden die Gütekriterien (vgl. ☞) für einen Guide-Beitrag und vergegenwärtigen sich das gesetzte Zeitlimit für den vollständigen Beitrag (ca. 2' – 3').

3. Zur Vorbereitung des Aufsprechens wird in der Gruppe ein schriftliches Skript für den Guide-Beitrag angefertigt.

4. Koordiniert durch den Lehrenden werden die Guides etwa mit Hilfe eines Computers aufgesprochen. Hier sollte je nach Erfahrungsstand entsprechend viel Zeit eingeplant werden. Alternativ kann dies auch außerhalb des Unterrichts erfolgen, um hierfür auch die notwendige Ruhe zu gewährleisten.

5. Die fertigen Guides werden allen Lernenden zugänglich gemacht und sie bewegen sich – wie in einem Museum – von „Objekt" zu „Objekt" und hören sich den zugehörigen Beitrag an.

b) Wiederholung (wiederholende Zusammenfassung eines Stoffgebietes)

Soll der Audioguide der Themenwiederholung dienen, entfällt der zuvor skizzierte 1. Schritt zu Gunsten einer Erschließungsphase, in deren Verlauf das Themenfeld in sinnvolle Teilthemen gegliedert und Arbeitspartnern/innen oder einzelnen Lernenden (bestenfalls nach Interesse) zugeteilt wird. Statt einer Präsentation als „Museumsführung" wie in 5. beschrieben, werden die Beiträge thematisch geordnet (bspw. chronologisch nach ihrer Behandlung im Unterricht) und dann den Lernenden übergeben. Die Beiträge dienen in diesem Fall der auditiv gestützten (evtl. auch häuslichen) Wiederholung.

Hinweise

✓ Unabhängig von der Zielsetzung ist ein gemeinsam erarbeiteter Katalog an Gütekriterien für eine „gute" Vertonung unabdingbar. Hierzu gehören bspw.
- ein angemessenes, d.h. langsames Sprechtempo,
- eine deutliche und akzentuierte Sprache,
- die Formulierung kurzer, verständlicher und „überschaubarer" Sätze,
- der reflektierte Umgang mit Fachtermini, d.h. ihre Benutzung bei gleichzeitiger Erläuterung ihrer Bedeutung und
- das Einhalten des Zeitlimits.

✓ Die Begrenzung des Audioguide-Beitrags auf zwei bis drei Minuten Redezeit ermöglicht es neben Ergebnissen einer (Klein-)Gruppenarbeit auch solche einer Partnerarbeit dezentral zu präsentieren.

✓ Bei der Nutzung des Audioguides zur Wiederholung eines ganzen Themenfeldes (bspw. zur Vorbereitung einer Leistungsüberprüfung) können neben Arbeitsteams auch einzelne Lernende Verantwortung für die Aufbereitung eines Teilthemas übernehmen.

✓ Wird die Methode zum ersten Mal durchgeführt, bietet sich ein Konzept im Wortlaut an, das beim Einsprechen abgelesen werden kann. Auf diese Weise entsteht schnell ein Eindruck, wie viel (geschriebener) Text als Inhalt in einen kurzen Audioguide-Beitrag passt.

✓ Ist die Lerngruppe erfahrener mit dieser Methode, kann das Skript auch kürzer und stichpunktartig ausfallen und das Einsprechen wird hier wenige Versuche und entsprechend geringen Zeitaufwand benötigen.

✓ Je nach technischen Möglichkeiten der Schule bietet es sich an, die Guides am Computer einzusprechen, da über Kopfhörer ein unmittelbarer Eindruck der eigenen Stimme gewonnen und via Software der Umgang mit der knappen Zeit gut gesteuert werden kann.

✓ Sollten nicht genügend Computer zur Verfügung stehen, kann alternativ auch mit Bandgeräten gearbeitet werden.

✓ Damit jeder Lernende alle Guides auf (s)ein Abspielgerät übertragen kann, bietet sich die Konvertierung in ein komprimiertes Audioformat (MP3, WMV, AAC) an.

✓ Ähnlich einem geführten, professionellen Museumsrundgang mit Audioguide, sollte im Vorfeld eine Abfolge der Objekte festgelegt werden. Alternativ können die Guide-Beiträge nummeriert und diese Nummern den Objekten in Form kleiner Pappkärtchen zugewiesen werden.

✓ Im Falle einer Nutzung zur Stoffwiederholung sorgt ein gemeinsam angelegtes Plakat für eine Übersicht, wer für welches Thema verantwortlich zeichnet.

 ## Vorbereitung

Der Vorbereitungsaufwand im Falle einer Präsentation in Form des Audioguides ist vergleichbar mit dem Aufwand der Themen- und Materialfindung der Methode ⇨GALERIE. Soll der Audioguide hingegen als Instrument der Wiederholung eingesetzt werden, beschränkt sich die Vorbereitung auf das Bereitstellen der technischen Mittel zur Aufnahme.

 ## Material

✓ Das Gruppenarbeitsergebnis aus einer vorangegangenen Stunde/Arbeitsphase (vgl. ①a) oder das komplette Material der vorangegangenen Einheit (vgl. ①b)

✓ Computerarbeitsplätze mit Mikrophon und Kopfhörern, alternativ auch digitale Diktiergeräte oder Mobiltelefone mit Aufnahmefunktion (USB-Kabel nicht vergessen!)

✓ Ggf. ein Plakat, auf dem der gemeinsame Arbeitsplan visualisiert werden kann

Sozialform/en

Gruppen- und Partnerarbeit (Audioguide als Präsentation)
bzw. Partner- und Einzelarbeit (Audioguide als Wiederholung)

Dauer

Ca. 45 – 90 Minuten (Präsentation)
Ca. 30 – 45 Minuten (Wiederholung)

Geeignete Themen

Präsentation: Alle Themen, die sich für eine Gruppenarbeit eignen.
Wiederholung: Alle Themen, sofern sie in entsprechend sinnvolle
Teilthemen gegliedert werden können.

Beispiele

In Kleingruppen wurde in einem Längsschnitt zum Thema *Kindheit in der Geschichte* gearbeitet. Die Ergebnisse wurden in Form individuell gestalteter Plakate zusammengestellt, die nun mit einem Guide-Beitrag versehen werden sollen.

Die Gruppen haben zu Teilthemen gearbeitet, wie

✓ Sprechende „Werkzeuge"? – Sklavenkinder in der Antike
✓ Und morgen die Fron! Kindsein in der Grundherrschaft
✓ Macht Stadtluft frei? Kinder in der mittelalterlichen Stadt
✓ Geboren mit dem goldenen Apfel – adlige Kinder im Absolutismus

Chancen und Stärken

Lernende ...

✓ finden Spaß und eine Herausforderung darin, die historischen Inhalte mit den technischen Anforderungen und Möglichkeiten zu verknüpfen (Präsentation & Wiederholung);
✓ reflektieren ihre Arbeitsergebnisse im Hinblick auf die Zeitvorgabe und handeln gemeinsam aus, welche Informationen in den Guide einfließen sollen (Präsentation);

✓ üben sich darin, ein Thema sinnvoll zu strukturieren und es entlang einer zeitlich knappen Zeitvorgabe inhaltlich sinnvoll zu reduzieren (Präsentation & Wiederholung);
✓ wiederholen ein Thema gründlich und effektiv und bereiten es so auf, dass die übrigen Lernenden davon profitieren können (Wiederholung);
✓ lassen sich darauf ein, dass die anderen Lernenden genauso akribisch arbeiten wie sie selbst und wertschätzen diese Leistung (Wiederholung).

Lehrende ...

✓ profitieren bei einer möglichen Bewertung von der Dauerhaftigkeit der Präsentationsform (Präsentation);
✓ bekommen einen Überblick über das erworbene Wissen und die Denk- und Strukturierungsweisen ihrer Lernenden. Problematische Teilthemen können somit leichter identifiziert werden (Wiederholung).

 Risiken und Schwächen

Lernende ...

✓ könnten unterschiedliche materielle Voraussetzungen mitbringen (z.B. das Fehlen eines mobilen Abspielgeräts für komprimierte Audio-Dateien);
✓ haben oftmals Probleme in der Reduktion größerer Zusammenhänge. Gerade bei der Themenwiederholung ist deswegen das Leitungsvermögen des Lehrenden gefragt.

Lehrende ...

✓ müssen gerade in der Phase der Guide-Aufzeichnung immer ansprechbar und fit im Blick auf die verwendeten technischen Hilfsmittel sein.

 Aktivitätsanteile

Aktivitätsanteile der Lernenden

✓ Durchgängig hoch – je kleiner die Arbeitsgruppen sind, desto größer ist der Aktivitätsanteil für jeden Einzelnen (gerade in der Phase der Audioaufnahme).

Aktivitätsanteile der Lehrenden

✓ Eher gering, nur unterstützende Hilfestellungen bei der Aufnahme und ggf. Koordination der Themenaufteilung (Wiederholung).

Motivation

Am Audioguide als Präsentationsform motivieren vor allem der Wechsel von der Verschriftlichung (Skript) zur Vertonung und die Arbeit mit den technischen Hilfsmitteln sowie die Erfahrungen im Umgang mit der eigenen Stimme. Die Beständigkeit der Präsentation motiviert zusätzlich, sie ist immer wieder abrufbar und nicht „flüchtig".

Als Form der Wiederholung überzeugt vor allem die alternative Art und Weise des Stofflernens, die ein vollständig aufgearbeitetes Thema bietet. Jeder Lernende übernimmt Verantwortung für einen bestimmten Stoffteil, den er nach bestem Wissen und Gewissen aufbereitet. Die Wertschätzung der anderen Lernenden, gekoppelt mit einer gewissen Zeitersparnis beim Wiederholen, schafft einen zusätzlichen Anreiz.

Kompetenzbezug

Gefördert werden:

Analyse- und Deutungskompetenz,
denn das Arbeitsergebnis bzw. der zu wiederholende Stoff wird abermals analysiert und deutend auf die wichtigsten Aspekte reduziert. Eine spätere Analyse der fertigen Beiträge entlang der festgelegten Richtlinien erweitert das Blickfeld der Analyse. Als Narration von Geschichte wirkt der Guide sowohl im Ganzen als auch auf der Ebene der Einzelbeiträge, die zum Gegenstand gemeinsamer Diskussion werden können;

Methodenkompetenz,
da die Lernenden ihre Präsentation an den gewählten Modus anpassen und und sie eine unmittelbare Rückmeldung für ihr methodisches Vorgehen erhalten;

Sozialkompetenz,
denn die Reduktion der Informationen bedarf eines großen Maßes an Kooperationsfähigkeit (Präsentation). Die Übernahme von Verantwortung für einen speziellen Themenbereich in der Wiederholung formuliert einen Anspruch an das eigene Handeln, den jeder Lernende an die Lerngruppe zurück gibt.

Fachdidaktische Prinzipien

Zur Geltung kommt:

Handlungsorientierung,
denn die Lernenden setzen sich mit dem historischen Stoff aktiv und
schöpferisch auseinander und erstellen, kreativ handelnd, ein individuelles Produkt.

 Weiterarbeit

✓ Es bietet sich an, die Audioguide-Beiträge nicht nur als Arbeitsergebnis stehen zu lassen, sondern sie als Narrationen von Geschichte zur Analyse und Diskussion zu stellen. Hierbei könnte
die Prüfung entlang eines gemeinsam erarbeiteten Katalogs an
Gütekriterien für einen „guten" Guide erste Anhaltspunkte geben.

✓ In Anknüpfung zu der Methode ⇨STUMMFILMVERTONUNG lässt sich
der Audioguide durch eine entsprechende Musikauswahl weiter-
entwickeln. Dies wäre z.B. für ein Projekt denkbar, das im Rahmen
eines „Tags der offenen Tür" Besucher/innen präsentiert werden
soll.

 Variation/en

Ebenso wie bei der Methode ⇨SPICKZETTEL kann das Erstellen eines
Skripts oder des gesamten Audioguide-Beitrags auch als Hausaufgabe
bzw. Projektaufgabe (zur Bearbeitung an den Schulcomputern) gestellt
werden. Diese Variation bietet sich besonders an, wenn die Lernenden
über eine gewisse Routine im Umgang mit der Technik verfügen.

Um den Eindruck des „teaching to the test" zu vermeiden, könnte der
Audioguide auch begleitend zur Lehreinheit als eine Art protokollarti-
ges Audio-Tagebuch angelegt werden, das von den Lernenden reihum
eigenverantwortlich geführt wird.

 Weitere Informationen

Weblink zu BR-Online
http://www.br-online.de/unternehmen/audioguides-
DID1252497363835/index.xml
(Audioguides. Der Kreativität sind keine Grenzen gesetzt.)

Begriff

Bei einem „Handel" geht es um eine Abmachung, die gemeinsam durch die Beteiligten zu treffen ist, wobei um eine gemeinsame Lösung eines Problems gerungen wird.

Ziel/e

In immer größer werdenden Gruppen ist es Ziel, eine Lösung eines historischen Problems zu erarbeiten, wobei es jeweils nur ein gemeinsames Ergebnis geben kann. Am Ende werden zwei Lösungen präsentiert und diskutiert.

Beschreibung und Durchführung

1. Der Lehrende gibt das historische Problem, für das es eine Lösung zu finden gilt, vor.
2. In Einzelarbeit überlegt sich jede/r eine Lösung und fertigt hierzu Notizen an.
3. In Partnerarbeit werden die Ergebnisse verglichen und eine gemeinsame Lösung ausgehandelt.
4. Das gleiche Prozedere erfolgt in einer Vierer-, dann in einer Achtergruppe usw.
5. Schließlich gibt es vier Lösungen von vier größeren Gruppen (oder auch nur zwei Lösungen von zwei Großgruppen), die im Plenum vorgestellt und diskutiert werden.

Hinweise

Eine Folie für den Ablauf wird, vor allem beim ersten Erproben der Methode, hilfreich sein. Diese Folie könnte in etwa so aussehen:

1. Überlege dir eine Lösung für das Problem und notiere sie (2 Min.).
2. Handle jetzt mit deinem Partner eine gemeinsame Lösung aus (3 Min.).
3. Handelt zusammmen mit einer anderen Zweiergruppe eine gemeinsame Lösung aus (4 Min.) ...

Für sprachlich schwache Gruppen können Wörter, Satzmuster oder andere Formulierungshilfen zur Verfügung gestellt werden.

Vorbereitung

Die Vorbereitung besteht in der möglichst präzisen Formulierung des Problems. Evtl. kann ein Arbeitsblatt mit Hinweisen und/oder für die Notizen hilfreich sein.

 Material

✓ Evtl. eine Folie für den Ablauf (vgl. ☞)
✓ Evtl. AB mit kurzer Schilderung des Problems und Raum für Notizen.

 Sozialform/en

Von der Einzel- über die Partner- bis zur Großgruppenarbeit und dem Plenum

 Dauer

Abhängig von der Anzahl der „Runden" ca. 30 Min

 Geeignete Themen

Es sollte sich um ein tatsächliches, realistisches und für den historischen Kontext relevantes Problem handeln, das für die Betroffenen eine bedeutsame Herausforderung darstellt/e.
Das zu wählende Problem sollte für die Lernenden überschau- und fassbar sein, sie sollten durch ihr Vorwissen und/oder ihren Lebensweltbezug unterschiedliche Lösungsansätze entwickeln können.

 Beispiele

✓ *Indian Wars*: Die weißen Siedler Nordamerikas nehmen immer mehr Land ein – wie sollen die indianischen Stämme reagieren? (Auch auf einen bestimmten Konflikt hin konkretisierbar.)
✓ Olympe de Gouges fordert *Frauenrechte* ein (1791), ohne dass sie durchgesetzt werden können – Frauenklubs werden verboten (1793) und öffentliche Versammlungen von Frauen ebenso (1795): Wie sollen sich die Frauen verhalten?

✓ Die *UNO* muss sich 1947 im Konfliktfall „Naher Osten" im Blick auf eine Gebietsaufteilung und die jüdischen und arabischen Interessen und Forderungen durch Resolutionen und Beschlüsse äußern, entscheiden und verhalten. Was sollte die UNO beschließen? (Bezug zur Resolution 181 vom 29. November 1947)

Chancen und Stärken

Lernende ...

✓ üben sich im Problemlösen, in der Diskussion und im Suchen und Finden eines Konsenses;
✓ erfahren, dass es für schwierige Situationen weder Pauschal- noch Ideallösungen gibt;
✓ stärken ihre Eigenverantwortlichkeit für ein angemessenes Sprech- und Diskussionsverhalten in unterschiedlich großen Gruppen.

Lehrende ...

✓ können sich weitgehend zurückhalten und bekommen Einblick in die Denk- und Argumentierfähigkeiten ihrer Schüler/innen.

Risiken und Schwächen

Lernende ...

✓ Bei noch ungeübten Lernenden kann Verunsicherung auftreten bzw. „starke" Mitglieder der Gruppen könnten versuchen sich durchzusetzen.

Lehrende ...

✓ Keine offensichtlichen.

Aktivitätsanteile

Aktivitätsanteile der Lernenden

✓ Alle sind gefordert, sich aktiv und diskutierend einzubringen.

Aktivitätsanteile der Lehrenden

✓ Nach der Vorstellung des Problems muss die Lehrperson die Hinweise für die Gruppenbildungen geben, kann sich ansonsten aber zurückhalten.

✓ Im anschließenden, auswertenden Plenum übernimmt sie wieder die Funktion des Moderators.

 Motivation

Motivation wird beim Aushandeln vom realistischen Problem und seiner Zündkraft sowie von der Aussicht, eine angemessene Lösung zu ermitteln, ausgehen.

Einen besonderen Reiz bietet das Vorgehen, gefundene Lösungen den anderen gegenüber in der größer gewordenen Gruppe angemessen zu vertreten. Insofern wirken die Anforderungen, Verhandlungs- und Diskussionsgeschick zu beweisen, motivierend.

 Kompetenzbezug

Vorrangig können gestärkt werden:

Selbst- und Sozialkompetenz,
da sich jede/r selbstbewusst einbringen und verhandeln und zugleich kompromissbereit reagieren muss;

Urteilskompetenz,
da hier eine konkrete Entscheidung eingefordert wird.

 Fachdidaktische Prinzipien

Abhängig vom Thema bieten sich an:

Multiperspektivität,
da für eine bestimmte, vorgegebene Perspektive und Interessenlage eine Problemlösung ausgehandelt wird;

Pluralität,
weil beim gemeinsamen Problemlösen unterschiedliche Perspektiven und Ideen verhandelt werden;

Problemorientierung
durch das im Zentrum stehende Problem.

Weiterarbeit

Im Anschluss an die Diskussion der Lösungsvorschläge sollte auch auf der Metaebene ausgewertet werden. Fragen hierfür könnten sein:

✓ Hat der Prozess plausible und qualifizierte Ergebnisse für das Problem erbracht?

✓ Wären die beiden gefundenen Lösungen für die Beteiligten im historischen Zusammenhang plausibel und überzeugend sowie umsetzbar gewesen?

✓ Wäre die Vorgehensweise des schrittweisen Aushandelns auch im historischen Zusammenhang möglich/realistisch/sinnvoll gewesen?

✓ Welche Vorteile/Nachteile erbringt ein solcher Findungsprozess?

✓ In welchen gesellschaftlichen und politischen Zusammenhängen gibt es solche Aushandlungen (heute)?

Variation/en

Um zügiger zu den beiden abschließenden Aushandlungen zu gelangen, könnten auch zwischendurch Schritte ausgelassen werden. Ratsam ist es jedoch, mit der Einzelarbeit zu beginnen, um jede/n zum Nachdenken zu bewegen.

Weitere Informationen

LEISEN, Josef: Methoden-Handbuch DFU, Bonn 2003.

Weblink hierzu (Staatliches Studienseminar Koblenz):
http://www.studienseminar-koblenz.de/bildungswissenschaften/methodenwerkzeuge.htm (Methode 40)

Bildkartei

 Begriff

Eine Bildkartei ist eine umfangreiche Sammlung von Bildern, Fotos, Zeichnungen und Karikaturen zu einem bestimmten Thema, aus dem die Lernenden für sich bedeutsame Bilder heraussuchen können.

 Ziel/e

Das Arbeiten mit der Bildkartei zielt darauf ab, dass die Lernenden sich auf eine Impulsfrage hin das Bildmaterial und die von diesem ausgelösten Assoziationen und Emotionen einlassen. Jede/r wählt individuell ein Bild aus, das zum Gesprächsanlass wird und erklärt den anderen die Bildauswahl. Je nach Intention ergeben sich unterschiedliche Zielsetzungen und Möglichkeiten in der Folge: von einer hemmschwellenfreien Kommunikation über ein Vernetzen und Strukturieren hin zu kreativem Schreiben und Narrativieren (vgl. 🖹).

 Beschreibung und Durchführung

1. Die Lernenden positionieren sich um die Bildkartei, d.h. das Bildmaterial wird ausgelegt. Der Lehrer, die Lehrerin stellt eine Impulsfrage oder formuliert eine andere Aufgabenstellung.

2. Die Lernenden betrachten das möglichst laminierte Bildmaterial und werden dazu aufgefordert, ein Bild auszuwählen und zur Hand zu nehmen. Der Lehrende kann unterstützend mögliche Entscheidungsmomente benennen. (Ein Bild löst Ideen oder Gedanken zur Impulsfrage aus, es spricht emotional an, es regt zu Widerspruch an usw.)

3. In einem Sitzkreis moderiert der Lehrer, die Lehrerin und bittet alle Lernenden mit einem Satz („Ich habe das Bild ausgewählt, weil ...") zu erklären, warum sie sich für das gewählte Bild entschieden haben.

4. In der Weiterarbeit lässt sich der Aspekt der persönlichen Verbindung zu dem Bild auf verschiedene Weise ausbauen:

✓ Lernende vernetzen in Kleingruppen- oder Partnerarbeit gemeinsam mehrere Bildelemente zu einer größeren Collage, Wandzeitung oder einer ⇨FILMLEISTE.

✓ Lernende statten in Einzelarbeit das Bildelement mit Sprechblasen aus, schreiben eine Kurzgeschichte (bspw. einen Tagebucheintrag) aus Sicht des Bildprotagonisten oder einen ⇨DIALOG.

✓ Lernende machen das Bild zum Zentrum eines ⇨DENKBLATTS und notieren ihre Assoziationen und Gefühle.

Hinweise

✓ Um die Moderation mehr in die Hand der Lernenden zu geben, bietet sich ein „Sprechball" an, mit dessen Hilfe die Lernenden sich spielerisch per Zuwurf gegenseitig das Wort erteilen.

✓ Zusammengeschobene Tische ermöglichen es, die gesamte Bildkartei auf einer angenehmen Höhe auszubreiten. Umfasst die Karte viele identische Bilder, können diese übereinander liegen. Die Bilder können auch mit Magneten an der Tafel ausgestellt werden – das schafft Überblick, ohne Tische rücken zu müssen.

✓ Für große Gruppen kann das Bildmaterial auch an zwei Orten im Raum ausgelegt werden.

✓ Um die Lernenden im Umgang mit unterschiedlichen Bildgattungen zu schulen, können sie aufgefordert werden, bei der Vorstellung zunächst die Gattung und eventuell entsprechende Kennzeichen zu benennen (Karikatur, Wahlplakat, usw.) Bei älteren Lernenden und in der Sekundarstufe II kann auch erwartet und verabredet werden, dass die Wirkungsabsichten und -weisen des Bildmaterials von den Lernenden mit thematisiert und analysiert werden.

✓ Es sollte darauf geachtet werden, nicht nur Bildmaterial einer einzigen Gattung (bspw. Fotos) zu verwenden, sondern ein gewisses Spektrum anzubieten.

Vorbereitung

Die Vorbereitung für den Lehrenden ist aufwändig. Eine derartige Sammlung von Bildern, Fotos, Zeichnungen und Karikaturen darf sicherlich einige identische Objekte enthalten, sollte aber so variantenreich wie möglich ausfallen. Je mehr unterschiedliches Material vorhanden ist, desto mehr Neugier kann geweckt und individuelles Aussuchen möglich werden. Einmal vorbereitet dient die Bildersammlung als Kopiervorlage.

Die Methode selbst erfordert keine direkte Vorbereitung oder Hinführung, allerdings sollten die Lernenden mit dem historischen Thema bereits vertraut sein, um mit dem Bildmaterial etwas anfangen zu können.

Bildkartei

 Material

✓ Die Bildkartei
✓ Ggf. Tafelmagneten, um die Karteielemente an die Tafel zu pinnen
✓ Sprechball, wenn die Moderation spielend gestaltet werden soll
✓ Je nach Weiterarbeit: Papier, Flipchart-Papier ⇨FILMLEISTE usw.

 Sozialform/en

Einzelarbeit (beim Aussuchen des Bildmaterials) und moderiertes Plenumsgespräch (beim Sprechen über das ausgewählte Bildmaterial). Je nach angestrebter Weiterarbeit auch Partner- oder Kleingruppenarbeit.

 Dauer

Ca. 20 – 45 Minuten je nach Form der Weiterarbeit.

 Geeignete Themen

Alle Themen, für die ein breites Spektrum an unterschiedlichen Bildmaterialien vorhanden ist.

 Beispiele

Mögliche Themen:

✓ *Kolonialismus im Deutschen Kaiserreich* (Ausschnitte aus historischen Karten und Atlanten, Personenportraits, Postkartenmotive, Karikaturen, Fotografien des kolonialen Widerstands)
Möglicher Impuls: Suche dir ein Bild aus, das aus deiner Sicht eine Stellvertretung für das Thema übernimmt.

✓ *Nationalsozialismus* (NSDAP-Propaganda, Wahlplakate, Karikaturen aus dem In- und Ausland, illustrierte Flugblätter, Fotos)
Möglicher Impuls: Wähle ein Bild, das einen deiner Meinung nach wesentlichen Aspekt des Nationalsozialismus verdeutlicht.

✓ *DDR-Geschichte* (Bilderkanon der SED, politische Karikatur und Bildsatire aus Ost und West, private Fotografien)
Möglicher Impuls: Wenn ich an DDR-Geschichte denke, dann gehört für mich dazu ... Wähle ein Bild aus!

Chancen und Stärken

Lernende ...

✓ suchen und finden ihre ganz eigenen Zugänge zur verhandelten Geschichte;

✓ lassen sich auf ihre Assoziationen und Emotionen ein und verbalisieren diese;

✓ kommen alle zu Wort;

✓ sind neugierig auf die Gedanken der Mitschüler/innen und tauschen sich vorurteilsfrei über diese aus;

✓ üben sich im aktiven Zuhören;

✓ erfahren, dass es auf einen Impuls hin sehr unterschiedliche Gedanken, Gefühle und damit auch verschiedene Zugänge zur Geschichte geben kann.

Lehrende ...

✓ bekommen einen Überblick über die Assoziationen und ggf. auch Emotionen, welche die Bilder bei den Lernenden im Zusammenhang zur behandelten Geschichte auslösen;

✓ können sich auf das Zuhören und geringe Moderation beschränken;

✓ können sich mit ihrem Kollegium über „wichtige Bilder" austauschen und diese Hinweise in der Bildkartei berücksichtigen bzw. gemeinsame Karteien nutzen.

Risiken und Schwächen

Lernende ...

✓ die ein derartig offenes Arbeiten nicht gewohnt sind, könnten irritiert reagieren;

✓ müssen sich diszipliniert an die Gesprächsregeln halten, um ein hemmfreies Sprechen aller zu ermöglichen

Lehrende ...

✓ müssen die Bildkartei zusammenstellen, was sehr zeitaufwändig ausfallen kann.

Aktivitätsanteile

Aktivitätsanteile der Lernenden

✓ Kontinuierlich hoch in der Auswahl des Bildes, in der Erklärung der Auswahl und im aktiven Zuhören).

Aktivitätsanteile der Lehrenden

✓ Eher gering: Ausgabe das Materials, Impuls/Impulsfrage, Eingabe des Sprechballs.

 Motivation

Sich selbst ein Bild frei aussuchen zu können und zu erfahren, warum andere ein anderes gewählt haben, macht neugierig – das motiviert.

 Kompetenzbezug

Gefördert werden vornehmlich:

Analyse- und Deutungskompetenz,
denn der Auswahl eines bestimmten Bildes geht eine kurze Untersuchung des Bildinhaltes und Gesamteindrucks im Blick auf die Impulsfrage voraus und Thema, Frage und eigene Bildauswahl führen zu einer Deutung;

Methodenkompetenz,
da der bewusste Umgang mit verschiedenen Bildgattungen geübt und thematisiert wird und die Bildgattungen nach Möglichkeit benannt und einbezogen werden;

Selbstkompetenz,
da sich die Lernenden durch ihre Bildwahl individuell zur Geschichte positionieren, diese begründen und nach außen vertreten.

 Fachdidaktische Prinzipien

Anwendung finden hierbei:

Gegenwarts- und Lebensweltbezug,
da sich die Lernenden der Aufgabe und dem Bildmaterial gegenüber aus ihrer Gegenwart heraus stellen und ihre persönlichen Sichtweisen,

Deutungen, Fragen und Werte in die Auswahl und die Begründung einbringen;

Handlungsorientierung,
denn sowohl die Auswahl der Bilder, die Vorstellung der Motive für die Auswahl als Sprechhandlung als auch die mögliche produktive Weiterarbeit provozieren einen handlungsorientierten Umgang mit Geschichte;

Pluralität,
weil die unterschiedlichen Blickwinkel auf Geschichte und Wirkungen von Bildern sich in einer unterscheidbaren Auswahl von Bildern und deren Begründungen widerspiegeln.

Weiterarbeit

Bei der Weiterarbeit lassen sich bei der Wahl der Sozialform und des dabei entstehenden Produkts unterschiedliche Ziele verfolgen:

✓ Vorstellung des Bildes in Partnerarbeit (hemmfreie Kommunikation).

✓ Erstellen eines Sprechblasendialogs in Einzel- oder Partnerarbeit (historische Einfühlen).

✓ Erstellen von Bildcollagen, Wandzeitungen oder einer ⇨FILMLEISTE in Kleingruppenarbeit (Vernetzen).

✓ Bilder oder Bildcollagen anordnen und mit Überschriften versehen (Strukturieren).

✓ In Einzelarbeit das gewählte Bild zum Gegenstand eines ⇨DENK-BLATTs machen (eigene Ansichten und Emotionen erkennen und festhalten).

✓ In Einzelarbeit einen Tagebucheintrag aus der Perspektive eines Bildprotagonisten verfassen (kreatives Narrativieren).

Variation/en

Die Lernenden können an der Auswahl der Bilder für eine thematische Bildkartei aktiv beteiligt werden.

Weitere Informationen

MÜLLER, Frank: Selbstständigkeit fördern und fordern, Weinheim/Basel 2004, S. 30-33.

Das Leben ist ein Fluss

 Begriff

Das Bild des Flusses wird gern für das menschliche Leben genutzt. Hier wird eine Biografie in das „Bild" eines Flusslaufes übersetzt.

 Ziel/e

Ziel ist es, sich mit einer Biografie (oder auch mehreren im Vergleich) intensiv auseinanderzusetzen, indem biografische Daten in ein „Flussbild" übertragen werden; Daten, Erlebnisse, Erfahrungen usw. einer Person werden mit den Elementen, die einen Fluss ausmachen, verknüpft.

(i) **Beschreibung und Durchführung**

1. Für die Partnerarbeit erhalten die Lernenden eine Biografie oder erstellen zunächst mit Hilfe von Materialien selbst eine (kurze) Biografie zu einer Person. Dabei können
   a) arbeitsgleich eine Biografie von allen oder
   b) arbeitsteilig mehrere Biografien bearbeitet werden.
2. Die Tandems erhalten die Aufgabenstellung und ein A-3-Blatt für die Gestaltung.

Aufgabenstellung:

„Das Leben ist ein Fluss!"

Das Bild des Flusses wird gern für das menschliche Leben genutzt. Ein Fluss hat viele Eigenschaften, die man gut auf ein Leben übertragen kann, er hat z.B. eine Quelle (Geburtsdatum), er kann schmal und breit fließen, gestaut werden und Zuflüsse haben, umgeleitet werden, Steine und Inseln können aufragen, er kann ruhig fließen und Stromschnellen können seinen Lauf beschleunigen usw. Deutet die Lebensgeschichte von ... und übertragt sie in ein Flussbild! Einigt euch, welche zeichnerischen Elemente ihr nutzt und welche Daten und Stichwörter ihr in eure Zeichnung integriert. (Nutzt dafür folgende Materialien: ...)

3a) Die verschiedenen Versionen einer Biografie werden vorgestellt, verglichen und diskutiert.
3b) Die Lernenden stellen ihre Person mit Hilfe der Flussdarstellung vor.
4. Die Ergebnisse, also die Flussbilder, werden (mit den Namen der Künstler/innen) im Klassenraum ausgestellt.

Hinweise

✓ Je nach Alter und Kompetenz der Lernenden können Flusseigen-
schaften, die sich zur Übertragung eignen, im Plenum zunächst gesammelt und an die Tafel geschrieben werden, um den Lernenden
den Einstieg zu erleichtern und ihnen einen Fundus an Sprachbil-
dern zur Verfügung zu stellen.

✓ Auch Darstellungsbeispiele könnten gegeben werden oder von Lernenden beispielhaft an der Tafel skizziert werden.

✓ Die Methode eignet sich auch für den fächerübergreifenden Unterricht mit Kunst.

Vorbereitung

Eine direkte Vorbereitung ist nicht notwendig.

Material

✓ Biografiematerial
✓ 1 DIN-A-3-Blatt pro Tandem
✓ dicke, farbige Filzstifte

Sozialform/en

Partnerarbeit (und Plenum für die Vorstellung)

Dauer

Ca. 20 Minuten für die Partnerarbeit (wenn das Biografiematerial vor-
liegt) und ca. 15 Minuten für das Plenum (bei der Vorstellung einer
Biografie durch verschiedene Tandems) bzw. angemessen mehr Zeit für
das Plenum (bei der Präsentation verschiedener Biografien)

Geeignete Themen

✓ Historische Persönlichkeiten (evtl. im Vergleich).
✓ Prozesse (vgl. §).

Beispiele

Thema: *Oppositionsgeschichte der DDR in Lebensläufen*

Aufgabe: Stellt den Lebenslauf von Biermann, Wolf; Bohley, Bärbel; Braband, Jutta; Brüsewitz, Oskar; Gauck, Joachim; Havemann, Robert; Heym, Stefan; Klier, Freya; Poppe, Ulrike; Reich, Jens; Schorlemmer, Friedrich ... als Fluss dar!

Thema: *Meine Lebensgeschichte als Flussbild*

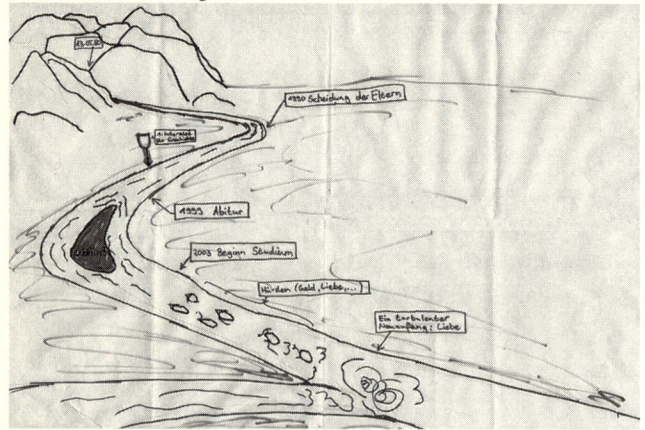

Abb. 3: Beispiel eines Studierenden aus einem fachdidaktischen Seminar, TU-Berlin (Foto: *Bodo Paul Hoffmann*)

 Chancen und Stärken

Lernende ...

✓ setzen sich intensiv mit der Lebensgeschichte einer Person oder Persönlichkeit auseinander und üben sich in Empathie, Fremdverstehen und Deutung von Geschichte, indem sie einzelne Lebensdaten in das Flussbild übersetzen;

✓ können sich kreativ und handelnd betätigen.

Lehrende ...

✓ können die Lernenden in deren Kreativität und zugleich kognitiv herausfordern.

Risiken und Schwächen

Lernende ...

✓ beschweren sich u.U., dass sie nicht zeichnen können und fühlen sich dann durch die Aufgabenstellung überfordert. Hier können einfache Tafelskizzen Abhilfe schaffen, die verdeutlichen, dass es nicht auf zeichnerisch hohe Qualität ankommt.

Lehrende ...

✓ haben je nach Vorgehensweise einen hohen Vorbereitungsaufwand im Blick auf die Materialzusammenstellung für die Lebensläufe.

Aktivitätsanteile

Aktivitätsanteile der Lernenden

✓ Hohe Aktivität durch das Handeln in der Partnerarbeit und die Vorstellung der eigenen Ergebnisse.

Aktivitätsanteile der Lehrenden

✓ Höher, wenn das Biografiematerial zusammengestellt wird, zumal, wenn mehrere verschiedene Biografien vorbereitet werden oder auch gering, wenn Lernende das Ausgangsmaterial für die Biografie/n selbst erstellen.
✓ Gering und zurückhaltend während der Erarbeitung.
✓ Moderierend während der Vorstellung der Ergebnisse und der auswertenden Diskussion.

Motivation

Motivierend können hier die „ganz andere" Herangehensweise an eine Biografie und die Herausforderung der Umsetzung als Bild wirken. Auch die Beschäftigung mit Lebensgeschichten wirkt für sich in der Regel motivierend aus, da einem Geschichte eben mit einem Gesicht, viel Individualität und einer „Geschichte" begegnet.

Kompetenzbezug

Gefördert werden:

Analyse- und Deutungskompetenz,
weil Materialien über Personengeschichte gelesen, interpretiert und mit zeichnerischen Elementen gedeutet werden;

Selbst- und Sozialkompetenz,
da Wissen aktiv und eigenständig sowie zugleich kooperativ er- und verarbeitet wird;

Urteilskompetenz,
indem sich die Lernenden durch die „Verarbeitung" der Lebensdaten und deren Deutung in zeichnerischen Elementen (auch) bewertend und urteilend mit der zu behandelnden Persönlichkeit und ihrer Biografie auseinander setzen.

 Fachdidaktische Prinzipien

Bedeutsam werden:

Exemplarisches Lernen,
indem sich die Partner mit einer exemplarischen Biografie beschäftigen, die „besonders" sein oder auch stellvertretend für andere stehen kann;

Forschend-entdeckendes Lernen,
da die Lernenden eigenständig mit dem Material und der Aufbereitung umgehen; dieses Prinzip findet besonders Anwendung, wenn sich die Lernenden die biografischen Daten und Lebenszusammenhänge selbstständig erarbeiten;

Multiperspektivität,
wenn verschiedene Biografien vorgestellt und miteinander verglichen werden;

Wissenschaftsorientierung,
indem sich die Lernenden an neuen Forschungsergebnissen orientieren.

Weiterarbeit

- ✓ Diskussion über „andere" und „neue" Erkenntnisse aus der künstlerischen „Übersetzung" im Vergleich zur reinen Textarbeit.
- ✓ Umsetzung der Methode für den eigenen Lebenslauf.
- ✓ Weiterarbeit an den bearbeiteten Personen.

Variation/en

Statt sich mit realen Biografien zu beschäftigen, könnten sich die Lernenden auch arbeitsteilig mit fiktiven Biografien auseinander setzen, die stellvertretend für eine ganze Gruppe stehen. Hier nutzen sie Material z.B. über verschiedene Stände (z.B. des Mittelalters oder im Absolutismus) oder Berufe (z.B. des Mittelalters) und erstellen den Lebens- und Flusslauf als beispielhaft und typisch für eine ganze Gruppe. Für diesen Fall könnte man sich auf einige bildliche Umsetzungen einigen, damit im Anschluss Unterschiede (z.B. zwischen den Ständen) deutlich und ablesbar werden.

Auch Prozesse, die in ihrem Ablauf eine bestimmte Dynamik aufweisen, könnten bildlich so dargestellt werden (z.B. die „Declaration of Independance" von der Idee bis zur Verwirklichung.)

Weitere Informationen

Basierend auf Unterrichts- und/oder Seminarerfahrungen.

Denkblatt

 Begriff

Das Denkblatt bietet genug Platz für alle individuellen Gedanken – egal ob sie als Wörter, Icons oder Zeichnungen bei einem Brainstorming auf das Papier kommen.

 Ziel/e

Mit dem Denkblatt erhalten Lernende eine Plattform, um ihr Vorwissen, ihre Assoziationen und Fragen zu einem Schlagwort, einer These oder einem Zitat zu aktivieren und in individueller Form auf dem Denkblatt festzuhalten (Einstieg). Es kann auch fortlaufend während einer Einheit weiter geführt werden oder eher zum Ende einer Einheit angelegt werden (Festigung als individuelle Auswertung).

Verglichen mit einer im Plenum erstellten Mindmap unterliegen die Lernenden bei der Gestaltung nur ihren eigenen Vorstellungen. Egal ob Wörter, Sätze, Fragen, Ikons oder größere Zeichnungen – kein Gedanke, keine Idee geht verloren. Die stille Arbeit schafft dabei eine hervorragende Denkatmosphäre.

(i) **Beschreibung und Durchführung**

1. Die Lernenden notieren das Schlagwort/die These auf einem Bogen Papier oder erhalten ein vorgefertigtes Denkblatt von der Lehrkraft.
2. In einer vorgegebenen Zeit gestalten sie ihr Denkblatt aus, bis ein akustisches Signal die Phase abbricht.
3. Je nach gewünschter Form der Weiterarbeit bieten sich verschiedene Möglichkeiten an:
   ✓ In Partnerarbeit stellen sich die Lernenden gegenseitig ihre Denkblätter vor.
   ✓ Die Denkblätter werden als Ausgangsmaterial genutzt, um im Plenum eine möglichst umfassende Mindmap oder einen Fragenkatalog zu entwerfen (Einstieg) oder auch als Ergebnisse ausgestellt zu werden (Festigung).

Hinweise

✓ Je nach Verwendungszweck (Themeneinstieg/Möglichkeit kontinu-
ierlicher Ergänzung/Festigung) sollte ggf. ein größeres Papier (etwa
A3) zur Verfügung gestellt werden.

✓ Sollten die Lernenden von sich aus keine Fragen an das unbekann-
te Thema stellen, können die Lehrenden eine „Fragenbox"/einen
„Fragenspeicher" als Bestandteil des Denkblattes vorgeben.

✓ Um Denkblätter, gefüllt mit Text, zu vermeiden, könnte ergänzend
die Regel gelten, dass maximal zehn Wörter und ansonsten nur
Fragen, Bilder und Zeichen für das Denkblatt verwendet werden
dürfen.

✓ Damit alle Lernenden gleich viel Zeit für ihr Denkblatt haben,
sollte die Lehrperson die Funktion des Zeitwächters übernehmen.

Vorbereitung

Die Vorbereitung bedarf kaum eines Aufwands. Durch die einfache
Ausgangsform ist ein vorbereitetes Denkblatt nur dann nötig, wenn
die Lernenden sich gleich mit mehreren Begriffen/Thesen beschäftigen
sollen oder wenn die Methode neu eingeführt wird. Ein akustischer
Signalgeber sollte bereit liegen.

Material

✓ Leeres Blatt Papier von ausreichender Größe (A5, A4, A3 gefaltet)
✓ Akustischer Signalgeber (bspw. Pagen-Klingel)
✓ Ggf. Folie oder Flipchart-Papier mit zugehörigen Stiften

Sozialform/en

Einzelarbeit und je nach gewählter Fortsetzung dann Partner- und/oder
Kleingruppenarbeit bzw. Arbeit im Plenum

Dauer

Ca. 5-10 Minuten, je nach gewähltem Anschluss bis zu 30 Minuten

Geeignete Themen

Alle. Das Denkblatt aktiviert bereits vorhandene oder im Unterricht erworbene Wissensbestände, provoziert Assoziationen und Fragen und regt alle Lernenden zum individuellen Denken an. Besonders eignen sich provokante Thesen oder Zitate.

 Beispiele

Thema: *Aufklärung, Thomas Hobbes* (Einführung)

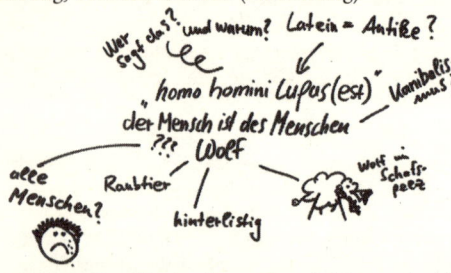

Abb. 4: Denkblatt „homo homini lupus (est)"
(Foto: *Bodo Paul Hoffmann*)

Thema: *Berliner Mauer* (Festigung)

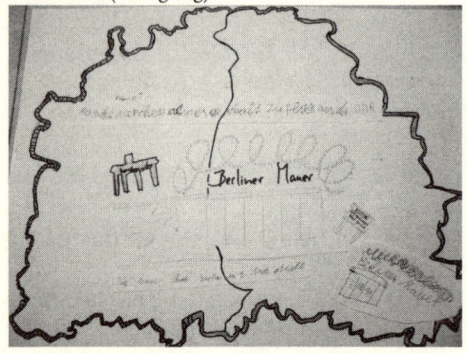

Abb. 5: Collage einer altersgemischten Projekt-gruppe eines Förderzentrums, Förderschwer-punkt „Lernen" (Foto: *Birgit Wenzel*)

Chancen und Stärken

Lernende ...

✓ können ihr gesamtes Vorwissen, ihre Assoziationen etc. einbringen, ohne sich einer gemeinsamen Struktur (wie einer Mindmap) unterzuordnen;

✓ entscheiden eigenständig, wie sie ihr Denkblatt gestalten und welche Begriffe, Fragen, Bilder für sie von Bedeutung sind;

✓ entwickeln ggf. einen Fragenkatalog, der sie durch das neue Thema begleitet und von ihnen eigenständig mit weiteren Fragen und den Antworten ergänzt wird;

✓ üben sich darin, ihre eigenen Gedanken zu strukturieren und verwenden dafür neben Wörtern auch Icons und Zeichnungen;

✓ nehmen sich selbst und ihre Gedanken ernst.

Lehrende ...

✓ gewinnen einen Überblick über die Vorkenntnisse und Fragen der Lerngruppe (Einstieg) bzw. die Gedanken und Eindrücke zum Ende eines Themas (Festigung). Sie können Rückschlüsse für ihre weitere Unterrichtsplanung ziehen und sich an den Voraussetzungen ausrichten;

✓ können, ausgehend von den Denkblättern, einzelne, zurückhaltende Lernende zu einem Beitrag ermutigen.

Risiken und Schwächen

Ohne eine gezielte Weiterarbeit (siehe ⇆), in der die eigenen Ideen aufgegriffen werden oder Wertschätzung erfahren, kann das Denkblatt zu einer Stillarbeitsphase ohne Anknüpfungspunkte werden. Zudem ergeben sich folgende Risiken:

Lernende ...

✓ könnten sich beim ersten Arbeiten mit einer weitestgehend freien Struktur überfordert fühlen;

✓ können nur dann langfristig von dem Fragenkatalog profitieren, wenn sie ihre Unterlagen regelmäßig pflegen.

Lehrende ...

✓ müssen, wenn sie sich einen breiten Überblick über die Ergebnisse verschaffen wollen, die Denkblätter einsammeln und Zeit investieren.

Aktivitätsanteile

Aktivitätsanteile der Lernenden

✓ Durchgängig hoch in der Einzelarbeit.

✓ Hoch bei einer Weiterarbeit in Partnerarbeit oder im Sinne der Methode ⇨AUSHANDELN, etwas geringer bei einer Weiterarbeit im Plenum.

Aktivitätsanteile der Lehrenden

✓ Gibt ggf. Material aus und beschränkt sich ansonsten auf eine beobachtende Tätigkeit und die Vorgabe eines zeitlichen Limits.

✓ Moderationstätigkeit für den Fall einer anschließenden Plenums-phase.

 Motivation

Der Motivationscharakter liegt darin, dass Lernende alle eigenen Ge-danken in das Denkblatt einbringen und sich hier auch kreativ durch die Gestaltung betätigen. Da nichts ausgeschlossen oder als „falsch" klassifiziert wird, wirkt auch die Tatsache, ernst genommen zu werden, motivierend.

Auch die Stille und die Möglichkeit, sich auf die eigenen Gedanken zu konzentrieren, schaffen Motivation.

 Kompetenzbezug

Gestärkt werden:

Selbstkompetenz,
da der eigene Wissensbestand und Assoziationen zum Thema aktiviert und im Rahmen der getroffenen Regelungen strukturiert festgehalten werden;

Sozialkompetenz
für den Fall einer Weiterarbeit in Partner- oder Gruppenarbeit oder auch im Sinne des ⇨AUSHANDELNs.

Fachdidaktische Prinzipien

Der Fokus dieser Methode liegt auf der:

Schülerorientierung,
denn das Denkblatt erfasst die Gedankenwelt der Lernenden und provoziert sie, sich zur Geschichte zu positionieren, und zwar in einer
Form, die Lehrende aufgreifen und für den Unterricht nutzbar machen
können.

Weiterarbeit

✓ Anhand der einzelnen Denkblätter lässt sich im Plenum eine gemeinsame Mindmap entwerfen (vgl. ①).

✓ Statt einer gemeinsamen Mindmap könnte die Arbeit nach einer
Partnerarbeit (vgl. ①) auch im Sinne der Methode ⇨AUSHANDELN
fortgesetzt werden.

✓ Werden die Denkblätter zum Einstieg in ein Thema genutzt, könnten sie Schritt um Schritt durch die Lernenden individuell ergänzt
werden – etwa durch neue Begriffe und Zeichnungen, durch zusätzliche Fragen und deren Beantwortung. In diesem Sinne lässt
sich das „wachsende" Denkblatt auch gut als „Deckblatt" für eine
Unterrichtseinheit im Geschichtshefter nutzen.

✓ Genutzt als Abschluss eines Themas können die Ergebnisse vergleichend diskutiert werden, oder es können sich Lernende zusammentun und eine Collage aus Einzelergebnissen entwickeln (vgl.
▥).

Variation/en

Neben den bereits beschriebenen Möglichkeiten, den Zeitrahmen und
die Gestaltungsvorgaben zu variieren, kann auch die Nutzungsform variiert werden. Wie vorgestellt, kann in ein neues Thema eingeleitet, es
aber auch begleitet bzw. abgeschlossen werden (etwa vor einer anstehenden Leistungskontrolle).

Weitere Informationen

MÜLLER, Frank: Selbstständigkeit fördern und fordern, Weinheim/Basel
2004, S. 45-46.

Der große Preis

„Der große Preis" oder auch „Das große Spiel des Wissens" stellt – in Anlehnung an das gleichlautendes Fernsehquiz (1974-1993, ZDF) – ein Spiel zur Stoffsicherung und -wiederholung dar.

 Ziel/e

Ziel dieser Methode ist es, unter Beteiligung der gesamten Lerngruppe ein im Unterricht behandeltes Stoffgebiet in Form eines Wissensquiz unterhaltsam und mit Wettbewerbscharakter zu wiederholen. Die Lernenden sollen sowohl durch Spannung und Spaß motiviert werden als auch Einblick gewinnen, inwieweit sie im Stoffbereich sicher stehen und ob sie somit gut auf eine Lernkontrolle vorbereitet sind.

 Beschreibung und Durchführung

1. An der Tafel wird das Thema des Spiels notiert und darunter eine Tabelle, die für das Spiel leitend ist (vgl. ▦). An der Seitentafel wird der Eintrag des Punktestands vorbereitet.

2. Die Lerngruppe wird in zwei konkurrierende Teams eingeteilt, die gleich groß sein sollten. Auch die Leistungsstärke sollte etwa ausgeglichen sein. Am einfachsten gestaltet sich eine Einteilung entsprechend der Sitzordnung (z.B. Fenster- und Wandseite). Bei einer ungeraden Anzahl an Lernenden bietet es sich an, einen Assistenten/eine Assistentin zur Unterstützung zu wählen, der/die dann nicht am Spiel teilnimmt.

3. Die Gruppe wird mit den Regeln des Spiels vertraut gemacht. Welche Gruppe beginnt, kann ausgelost oder erwürfelt werden.

4. Wird mit Risikofeldern gespielt, bestimmt jedes Team eine Person, die die Punkte setzt.

5. Die „Siegergruppe" erntet den Erfolg, „besser" zu sein.

Spielregeln

✓ Das Wort der Spielleitung gilt!
✓ Ziel des Spiels ist es, für das eigene Team möglichst viele Punkte zu erreichen und damit zu siegen.

✓ Jede/r Spieler/in kommt einmal mit der Beantwortung einer Frage dran. Soweit noch Wahlmöglichkeiten bestehen, wählt jede/r das Teilgebiet und den Schwierigkeitsgrad selbst aus.

✓ Die Spielleitung liest die Frage vor, der Spieler/die Spielerin antwortet (evtl. mit einem Zeitlimit) und entscheidet über die Punktevergabe, die gleich aufaddiert eingetragen wird.

✓ Nur durch vollständige und richtige Antworten können Punkte „verdient" werden. Bei Teilantworten, Fehlern oder bei „Vorsagen" werden keine Punkte vergeben.

✓ Die Teams kommen abwechselnd dran, unabhängig von einer richtigen oder falschen Beantwortung der Fragen.

✓ Das Spiel ist beendet, wenn alle Fragen behandelt und in der Tabelle abgestrichen sind.

Möglicher Zusatz: *Risikofelder*

✓ Trifft ein Spieler/eine Spielerin auf ein Risikofeld, markiert die Spielleitung dies mit einem R im entsprechenden Feld. Ein zuvor bestimmtes Teammitglied bestimmt jetzt, wie viele Punkte „gesetzt" werden (mindestens die vorgesehenen, höchstens die erspielten). Erst jetzt wird die Frage gestellt. Bei richtiger Beantwortung werden die gesetzten Punkte zum Punktestand addiert, bei einer ungültigen Antwort werden sie abgezogen (so kann eine Gruppe auch bei „Null" landen).

Hinweise

✓ Um die Lernenden anzuhalten, sich auch mit aktuellen und politischen Fragen und Problemen auseinander zu setzen, kann eine Rubrik „Aktuelles" mit entsprechenden Fragen ergänzt werden.

✓ Jede Frage, die gewählt wird, wird umgehend (z.B. durch die Assistenz) in der Tabelle gestrichen, sodass alle Spieler/innen immer im Blick haben, welche Fragen noch wählbar sind.

✓ Hilfreich ist es, eine Zeit vorzugeben, innerhalb der eine Antwort erfolgen muss. Hierfür wird dann z.B. eine Stoppuhr benötigt.

✓ Bezieht man Risikofelder ein (4-6, zufällig in den Rubriken verteilt), dürfen diese nur auf der Tabelle in der Lehrer- bzw. Assistentenhand verzeichnet sein und erst bei der „Anwahl" der Frage in die Tabelle an der Tafel übertragen werden.

✓ In der Regel werden die Lehrenden das Quiz vorbereiten, aber auch Lernende könnten diese Aufgabe übernehmen.

Der große Preis

✓ Schon von Beginn der Behandlung eines Themas an, können parallel zum Unterricht die Fragen entwickelt werden; in diesem Fall
hat man sie schnell für das Quiz beisammen.

 ## Vorbereitung

Zur Vorbereitung gehören die Erstellung der Fragen, die sich an der
Behandlung des Themas im Unterricht orientieren, sowie die Tabelle.

 ## Material

✓ Das Fragen-Antworten-Set für die Hand der Spielleitung
✓ Die vorbereitete Tabelle
✓ Evtl. eine Stoppuhr

 ## Sozialform/en

Plenum

 ## Dauer

Ein Durchgang erfordert in der Regel eine Unterrichtsstunde von 45
Minuten.

 ## Geeignete Themen

Alle.

 ## Beispiele

Thema: *Ägypten*

Der Nil	Berufe und Gesellschaft	Pharao	Jenseits und Götter	Königsgrä- ber	Aktuelles
20	20	20	20	20	(R) 20
(R) 40	40	40	40	40	40
60	60	(R) 60	60	60	60

Der Nil	Berufe und Gesellschaft	Pharao	Jenseits und Götter	Königsgräber	Aktuelles
80	80	80	80	80	80
100	100	100	(R) 100	100	100

Beispiel für eine Fragen-Spalte: *Der Nil*

20	Warum ist der Nil ein so fruchtbarer Strom? Nenne einen Grund! *Er führt fruchtbaren Schlamm mit sich.*
40	Wo hinein mündet der Nil? *In das Mittelmeer.*
60	Welche Aufgaben stellte der Nil den Fellachen? Nenne zwei Beispiele! *1. Sie mussten sich vor der Flut schützen.* *2. Sie mussten Wasser für die Zeit der Dürre auffangen.*
80	a) Was bauten die Ägypter in unserer heutigen Zeit, um den Nil besser zu nutzen? b) Nenne auch eine negative Folge dieses Baus! *a) Sie bauten den Assuan-Staudamm.* *b) Der fruchtbare Schlamm gelangt nicht mehr auf die Felder.*
100	Nenne den Fachbegriff für ein alt-ägyptisches Bewässerungssystem! *Shaduf* Erkläre seine Funktionsweis. Fertige hierfür eine einfache Zeichnung an der Tafel an.

Für Beispiele der anderen Fragen-Zeilen siehe: ⟲ (*Wenzel*).

Chancen und Stärken

Lernende ...

✓ erhalten einen Überblick über das bearbeitete Thema und können im Spiel überprüfen, wie „fit" sie sind;

✓ haben Freude an dem Wettspiel und daran, ihr Wissen und Können unter Beweis zu stellen und identifizieren sich mit ihrem Team;

✓ können durch die verschiedenen Rubriken und durch den mit zunehmender Punktzahl sich steigernden Schwierigkeitsgrad selbst entscheiden, wie viel sie sich zutrauen.

Lehrende ...

✓ haben eine Wiederholungsstunde parat, die zum Selbstläufer wird;
✓ bekommen einen Überblick über den Wissensstand der Lerngruppe.

 Risiken und Schwächen

Als Schwäche könnte allenfalls die eher rein auf kognitives Wissen abzielende Stoffwiederholung benannt werden.

 Aktivitätsanteile

Aktivitätsanteile der Lernenden

✓ Jede/r ist durch den Spiel- und Wettbewerbscharakter involviert, und die Aufmerksamkeit ist gebündelt.

Aktivitätsanteile der Lehrenden

✓ Sie sind in der Regel für die Vorbereitung der Quizfragen zuständig sowie für die Spielleitung; beide Funktionen können aber auch an Lernende, je nach Lernalter und Erfahrung, abgegeben werden.

 Motivation

Spielerisches, wettbewerbsorientiertes Wiederholen motiviert in allen Altersstufen!

 Kompetenzbezug

Das Quizspiel fördert:

Selbstkompetenz,
indem die Lernenden sich mit ihrem Wissen in das Spiel und für ihre Mannschaft einbringen und sie sich zugleich überprüfen, ob und welche Fragen sie selbst beantworten könnten bzw. nicht könnten. Hierdurch erhalten sie Hinweise für den individuellen Wiederholungsbedarf.

Fachdidaktische Prinzipien

Hier sind bedeutsam:

Exemplarisches Lernen,
insofern die Auswahl der Fragen beispielhaft für den behandelten Unterrichtsstoff erfolgt;

Schülerorientierung,
da das Lernspiel den Bedarf an einer kontrollierenden Übung vor der Leistungsüberprüfung aufnimmt und es in eine motivierende Form verpackt.

Weiterarbeit

Wie schon angedeutet, bietet sich am ehesten nachfolgend eine abschließende Kontrolle (Leistungsüberprüfung) an.

Variation/en

Variationsmöglichkeiten sind bereits durch die stärkere Einbeziehung der Lernenden in die Vorbereitung und Durchführung, durch die Ergänzung der Spalte „Aktuelles" (vgl. ▦) und den Zusatz der Risikofelder (vgl. ①) beschrieben worden.

Weitere Informationen

KNEILE-KLENK, Karin: Pauken oder Lernen? Abwechslungsreich Wiederholen und Festigen im Geschichtsunterricht, Schwalbach/Ts. 2008, S. 51-55 (Ausgeführtes Beispiel zum Thema: Athen im 5. Jahrhundert vor Chr.).

WENZEL, Birgit: Das große Spiel des Wissens. Spiele zur Stoffsicherung und -wiederholung. In: Geschichte Lernen, H. 23, 1991, S. 22f.

Dialog

 Begriff

Der Dialog gelingt, wenn man sich mit „offenem Visier" begegnet und aufeinander einlässt. In einem durch die Lernenden konzipierten und entworfenen Gespräch begegnen Lernende Personen aus der Geschichte (in Fragen und Antworten).

 Ziel/e

Lernende begegnen Menschen in historischen Kontexten, um an sie ihre persönlichen Fragen zu stellen. Gleichzeitig bemühen sie sich darum, anhand von Material Einfühlungsvermögen für die Person und ihren historischen Kontext aufzubringen. Die Perspektive der fremden Person nachvollziehend, antworten sie aus deren Position und stellen Rückfragen an sich selbst. Hieraus entwickelt sich das Produkt eines Dialogs.

 Beschreibung und Durchführung

1. Die Gruppe wird in Tandems aufgeteilt, dabei sollten die Lernenden Einfluss auf die Partnerwahl haben, damit die Arbeitsergebnisse nicht durch Abneigungen beeinflusst werden. Schließlich kommt es hier auf Empathie und gegenseitiges Vertrauen an.

2. Die Lehrkraft erläutert die Aufgabenstellung (vgl. 📄). Für die Zuordnung der Gesprächspartner gibt es verschiedene Möglichkeiten:

   a) Alle Lernenden erhalten die gleiche Person als Gesprächspartner/in.

   b) Die Lehrkraft stellt verschiedene Personen vor, unter denen die Lernenden sich eine aussuchen.

   c) Die Lehrkraft teilt den Tandems eine bestimmte Person zu.

3. Die Tandems erhalten Informationsmaterial über den Dialogpartner, die -partnerin. Hier kommen in erster Linie Schrift- und Bildquellen in Frage, aber auch darstellende Texte.

4. Für den Dialog werden Fragen durch die Tandems formuliert, die mit Hilfe der Materialien aus der Perspektive der Befragten plausibel (glaubwürdig für den historischen Zusammenhang) beantwortet werden. Gleichzeitig formulieren die Tandems auch Fragen des Gegenübers und antworten hierauf aus ihrer persönlichen Sicht.

5. Der schriftlich fixierte Dialog wird mündlich vorgetragen, wobei ein Lernender die Schüler- und der andere die Dialogpartnerrolle übernimmt. Alternativ kann der Dialog auch aufgenommen und für die anderen abgespielt werden. Gibt es ein Bild der Person (z.B. ein Foto, ein Gemälde), so sollte dies während des Dialogs projiziert werden.

6. Die Lerngruppe gibt den Vortragenden ein Feedback, in dem (auch) zu den Kriterien der Triftigkeit (Schlüssigkeit) und der Plausibilität (Stimmigkeit, Glaubwürdigkeit, Richtigkeit), im Blick auf die Beachtung des historischen Kontextes Stellung bezogen wird.

7. Gemeinsam werden die Methode und ihre Lernchancen sowie ihre Grenzen oder Probleme diskutiert.

Hinweise

✓ Die Auswahl der Personen kann sich sowohl auf konkrete Persönlichkeiten aus der Geschichte als auch auf fiktive Personen beziehen, die dann stellvertretend für eine Gruppe, einen Stand usw. stehen (vgl. ▥).

✓ Bei der Auswahl ist darauf zu achten, dass sowohl weibliche wie männliche Personen für die Dialoge ausgewählt werden.

✓ Für jüngere Schülerinnen und Schüler und für in der Methode Ungeübte kann es hilfreich sein, als Lehrperson einen kurzen Dialog als Beispiel vorzulesen oder als Tonaufzeichnung einzuspielen.

✓ Ebenso hilfreich kann es sein, für diese Gruppen Beispielfragen (in beide Richtungen) für den Bedarf bereitzuhalten (vgl. ▥).

✓ Für ältere und geübte Lernende kann es eine zusätzliche Herausforderung sein, sich eigenständig Material über die Dialogpartner/innen zu beschaffen.

✓ Entscheidet man als Lehrkraft, aus Zeitgründen nicht alle Dialoge zum Vortrag kommen zu lassen, so sollten doch alle Tandems eine Rückmeldung der Lehrperson erhalten und die Dialoge könnten zum Nachlesen für alle z.B. in einer (Wand-) Zeitung veröffentlicht werden.

Vorbereitung

Geeignete Personen werden ausgesucht und Informationsmaterial über sie wird zusammengestellt. Evtl. wird Technik für eine Audioaufzeichnung bereitgestellt.

Material

- ✓ Die Aufgabenstellung
- ✓ Informationsmaterial über den Dialogpartner, die -partnerin
- ✓ Evtl. einige Fragen für den Dialog als Anregung
- ✓ Evtl. technisches Equipment für die Tonaufzeichnungen

Sozialform/en

Partnerarbeit in der Erarbeitung wie in der anschließenden Präsentation im Plenum

Dauer

Die Erarbeitung wird, je nach Informationsfülle und Anspruchsniveau, 15-45 Minuten beanspruchen. Je nach der Länge und der Anzahl der Dialoge muss dann die zusätzliche Zeit für die Vorträge und die Auswertung eingeplant werden.

Geeignete Themen

Es bieten sich alle möglichen Personen an, die entweder als Stellvertreter/in für eine Gruppe stehen und somit als „typisch" gelten können oder die durch ihr Schicksal, ihr Leben als von besonderer Bedeutung für einen Dialog mit den Lernenden eingeschätzt werden.

Beispiele

Aufgabenstellung:

Ihr habt heute die Gelegenheit, X näher kennenzulernen.

Dafür erhaltet ihr in einem Umschlag verschiedene Materialien, die ihr euch genau anschaut. Ihr könnt das Material auch unter euch aufteilen.

Eure Aufgabe ist es, einen Dialog mit X zu führen. Dazu überlegt ihr euch Fragen: Was würdet ihr X in einer Begegnung gern fragen, was ist an X interessant, was frag-würdig ...?
Überlegt ebenso, was X euch wohl gern fragen würde! Antwortet darauf aus eurer Sicht!
Schreibt das Gespräch zwischen euch auf und tragt es anschließend vor! Versucht dabei, euch intensiv in die Zeit eurer Person und in ihre Gedankenwelt einzufühlen und möglichst viele Informationen über X in den Dialog einzuarbeiten!

Themenzusammenhang 1: *Widerstand im Nationalsozialismus*
Lernende erarbeiten einen Dialog mit
✓ Sophie Scholl bzw.
✓ mit verschiedenen jugendlichen Vertreter/innen des Widerstands bzw. mit jungen Erwachsenen (aus Gruppen wie der Weißen Rose, den Edelweißpiraten, der Herbert-Baum-Gruppe oder der Swing-Jugend).

Beispielfragen:
✓ Wie kamst du dazu, dich im Widerstand zu engagieren?
✓ Hast du bestimmte Ziele verfolgt?
✓ Welche Mittel hast du eingesetzt?

Gegenfragen:
✓ Würdet ihr ein Risiko eingehen und wofür?

Themenzusammenhang 2: *Gesellschaft(spyramide) im Alten Ägypten*
Lernende erarbeiten einen Dialog mit Vertreter/innen der ägyptischen Gesellschaft bzw. mit Kindern der Gruppen (die in der Regel den gleichen Beruf wie die Eltern erlernten und im gleichen Stand verblieben). Dazu gehören:
Sklavinnen und Sklaven, Fellachen (Bäuerinnen und Bauern), Handwerkerinnen und Handwerker, Händlerinnen und Händler/Kaufleute, Schreiber, Priesterinnen und Priester, Wesir, Pharaonen und Königinnen.

Beispielfragen:
✓ Was und bei wem hast du gelernt?
✓ Was genau arbeitest du?
✓ Wie ist dein Ansehen in Ägypten?

Gegenfragen:
✓ Erlernen bei euch die Kinder auch die Berufe der Eltern?
✓ Habt ihr auch einen Pharao?/Wie denkt ihr über eure Herrscher?

Chancen und Stärken

Lernende ...

✓ machen sich mit „ihrem" Dialogpartner bzw. „ihrer" -partnerin vertraut, erarbeiten sich anhand des Materials Informationen und verarbeiten diese in einem dialogischen Narrativ;

✓ setzen sich mit Lebensentwürfen, Handlungsweisen, Normen und Werten diskursiv auseinander, die ihnen fremd sind;

✓ entwickeln eigene Fragestellungen an und Interessen für die Geschichte;

✓ üben sich in Empathie für eine Person und ihr Schicksal sowie in der Wahrnehmung einer fremden Perspektive;

✓ versuchen sich darin, aus der fremden Perspektive zu antworten und verleihen der Geschichte damit ihre Stimme; erzählen eine neue Geschichte unter Beachtung von Triftigkeit und Plausibilität;

✓ nehmen sich durch die Umkehrung der Fragehaltung selbst ernst und werden sich ihrer Haltungen und Einstellungen bewusst;

✓ üben sich im Präsentieren und erhalten neue und andere Informationen oder Sichtweisen im Hören und Auswerten der Dialoge der anderen Tandems;

✓ üben sich darin, Informationen aufgabengerecht aufzubereiten bzw. Informationen zu beschaffen (sofern die Tandems selbstverantwortlich recherchieren).

Lehrende ...

✓ erhalten Einblicke in die Fragen und Interessen der Lernenden;

✓ bekommen Hinweise auf die narrativen Fähigkeiten oder auch Probleme der Lernenden;

✓ können sich in der Erarbeitungsphase zurückhalten (und sollten nur bei eingeforderter Unterstützung eingreifen).

 Risiken und Schwächen

Sie bestehen aus einem recht großen Vorbereitungsaufwand, wenn die Entscheidung auf verschiedene Personen fällt und entsprechend viel Material zusammengetragen werden muss.

Aktivitätsanteile

Aktivitätsanteile der Lernenden

✓ Besonders hoch während der Erarbeitung und der eigenen Präsentation.

✓ Rezipierend während der Darbietungen der anderen, aber vermutlich mit großem Interesse und Neugierde aktiv zuhörend.

Aktivitätsanteile der Lehrenden

✓ Hoch in der Vorbereitung, d.h. in der Auswahl der Personen und des Materials über sie.

Motivation

Der Motivationscharakter beim Dialog geht zum einen von den ausgewählten Personen selbst aus und zum anderen von der Herausforderung, sich in die Lebens- und Gedankenwelt der Gesprächspartner und -partnerinnen hineinzuversetzen.

Auch das zu erstellende Produkt, der Dialog, und die Aussicht auf den Vortrag werden motivierend wirken.

Kompetenzbezug

Die Kompetenzen, die die Lernenden mit dem Dialog einüben können sind:

Analyse- und Deutungskompetenz
durch die Erforschung und die Interpretation der Personen in ihrem historischen Kontext;

Selbst- und Sozialkompetenz
durch das eigenständige Entwickeln von Fragen und Antworten, das gemeinschaftliche Entwickeln und Vortragen eines Dialogs;

Urteils- und Orientierungskompetenz
durch die dialogische Anlage, die vor allem Werturteile provoziert und die Lernenden zu Vergleichen zwischen Geschichte und ihrer eigenen Gegenwart herausfordert.

Fachdidaktische Prinzipien

Im Blick auf die Prinzipien kommen zum Tragen:

Exemplarisches Lernen
durch die Auswahl konkreter, beispielhafter und anregender Personen;

Forschend-entdeckendes Lernen
durch die erforschende und aufbereitende Form der fragengeleiteten Materialbearbeitung und evtl. der eigenen Recherche für Material;

Gegenwartsbezug
durch die bewusste Sicht aus der Gegenwart in Form der Fragen im Dialog und die Auflage, selbst Gegenfragen zu beantworten, die einen reflexiven Bezug zur Geschichte evozieren;

Multiperspektivität
durch die bewusste Einnahme einer fremden Perspektive, aus der heraus geantwortet und gefragt wird sowie evtl. durch die Vielzahl der Dialoge;

Schülerorientierung
durch die eigene Auswahl der Personen oder zumindest durch die eigenen Fragen, die entwickelt werden und die selbstständige Beantwortung dieser.

 Weiterarbeit

Die (schriftlichen) Ergebnisse können gesammelt und ausgehängt oder vervielfältigt werden. So entsteht – werden Dialoge mit unterschiedlichen Personen oder Persönlichkeiten entwickelt – ein beachtlicher Überblick.

 Variation/en

Variationen ergeben sich durch die bereits aufgezeigten Alternativen, vgl. ① und ▣.

 Weitere Informationen

Basierend auf Unterrichts- und/oder Seminarerfahrungen.

Begriff

Ein Spielfeld hält 3x3 Fragen zur Beantwortung bereit. Zwei Teams versuchen, durch das richtige Beantworten der Fragen drei Felder in einer Reihe zu besetzen und so das Spiel zu gewinnen.

Ziel/e

Lernende erinnern, wiederholen und festigen in Form eines Lernspiels gelernte Begriffe, Personen und (Sach-)Zusammenhänge. Eventuelle Sprechängste können durch das Aushandeln der Lösungsantwort innerhalb der Teams gemindert werden. Durch die spielerische Art eignet sich dieses Verfahren besonders gut zur Vorbereitung einer Lernerfolgskontrolle.

Beschreibung und Durchführung

Für eine möglichst starke Einbindung aller Lernenden sollten die Spielerteams nicht zu groß ausfallen. Probleme oder Unklarheiten, die im Rahmen der spielerischen Wiederholung auftreten, können im Anschluss im Plenum gesammelt und geklärt werden.

Das Spiel „Drei gewinnt" läuft wie folgt ab:

1. Per Zufall werden zu Beginn des Spiels Spielleiter/-innen bestimmt, die an den Spielbrettern die Fragen vorlesen und die gegebenen Antworten einsehen und überprüfen können. Es gibt für jedes der Spielfelder eine Spielleitung.

2. Die restliche Lerngruppe wird so gleichmäßig wie möglich in Teams aufgeteilt. Um eine möglichst hohe Aktivität aller Teammitglieder sicherzustellen, sollte kein Team mehr als fünf Mitglieder umfassen.

3. Je zwei Teams nehmen an einem Spielfeld gegenüber der anderen Gruppe Platz und wählen einen Teamsprecher.

4. An jedem Spielfeld wird per Münzwurf das beginnende Team ermittelt (Team 1). Team 2 wählt dafür die Farbe ihrer Spielsteine und beginnt dann beim Rückspiel, sofern ein solches stattfindet.

5. Der Sprecher von Team 1 nennt nach Beratung des Teams anhand der Koordinaten des Spielbretts ein Feld, das sein Team lösen möchte (bspw. C3). Die Spielleitung liest die Frage laut vor.

6. Team 1 berät sich und der Teamsprecher nennt die gemeinsame Antwort. Ist diese richtig, erhält das zuvor gewählte Feld einen Spielstein von Team 1. Wurde die Frage falsch beantwortet, wird die Frage zurück gestellt und das Feld bleibt zur Beantwortung frei.

7. Als nächstes ist Team 2 an der Reihe und darf sich entweder für ein bislang unbekanntes Feld oder für eine bereits gestellte, aber falsch beantwortete Frage entscheiden. So geht es immer abwechselnd hin und her.

8. Sollte es keinem Team gelingen, eine Dreierreihe mit ihren Spielsteinen zu füllen, gewinnt das Team, das die meisten Spielsteine seiner Farbe auf dem Spielbrett hat.

Die Spielleitung obliegt bewusst den Lernenden selbst. Die Lehrenden sollten hier möglichst außen vor bleiben und nur im Notfall einhelfen.

 Hinweise

✓ Eine Markierung auf der Klassenliste sichert, dass die Aufgabe der Spielleitung stets von unterschiedlichen Lernenden bekleidet wird.

✓ Das in der Mitte befindliche Spielfeld „B2" ist aufgrund seiner Position besonders bedeutsam. Sofern die Fragen unterschiedlich schwierig sind, sollte dieses Feld mit einer anspruchsvolleren Frage ausgestattet werden.

✓ Um den Ablauf des Spiels zusätzlich zu strukturieren, kann die Beantwortungszeit für die Gruppen mithilfe einer Sand- oder Stoppuhr begrenzt werden. Je nach Komplexität und Leistungsstand der Lerngruppe, kann die Beantwortungszeit zwischen 30 Sekunden und 2 Minuten angesetzt werden. Sofern das Lernspiel noch unbekannt ist, sollte zur Gewöhnung auf die zeitliche Begrenzung verzichtet werden.

✓ Sofern das Zeitkontingent es zulässt, sollte den Teams die Möglichkeit der Revanche gegeben werden, damit auch das zweite Team die Möglichkeit bekommt, das Spiel zu eröffnen. Durch die unterschiedlichen Fragensets ist hierfür bereits eine gute Voraussetzung geschaffen.

✓ Je nach Umfang der erwünschten Antworten und abhängig von der Erfahrung der Lerngruppe mit Selbstkorrektur, können die Musterantworten knapper oder ausführlicher und entweder in kleinerem Schriftsatz unter der Frage abgedruckt oder in einer der Spielleitung zugänglichen Liste verzeichnet werden.

✓ Eine Möglichkeit, weniger leistungsstarke Lernende oder solche mit Stofflücken besser einzubinden, liegt in der Möglichkeit, zur Beantwortung die eigenen Unterlagen (Hefter, Mitschriften etc.) zuzulassen. So zahlt sich eine sorgsame Hefterführung und Nachbereitung aus. Allerdings sollte in diesem Falle immer eine zeitliche Grenze für die Beantwortung gesetzt werden.

✓ Eine andere Möglichkeit der Beschleunigung wäre die Vorgabe von vier Antwortmöglichkeiten, aus denen die Befragten wählen können. Die Antwortformate können auch gemischt werden.

Vorbereitung

Bei einmaligem Einsatz ist der Vorbereitungseinsatz relativ hoch. Es müssen, der Gruppengröße entsprechend, genügend 3x3-Spielfelder erstellt und für jedes Spielfeld ein Set von neun Fragen entwickelt werden:

	A	B	C
1			
2			
3			

Im Idealfall verfügt jedes Spielfeld über neun eigenständige Fragen, die an keinem anderen Brett gestellt werden. Dies fördert eine Fokussierung der Teams auf den eigenen Spielbetrieb, statt die Lösungen von einem anderen Spielbrett „abzuhören" und erbringt eine breit angelegte Wiederholung. Durch eine Laminierung der Frage-Karten und Spielbretter kann das Material wieder verwendet bzw. bei der nächsten Benutzung um Material ergänzt werden.

Material

✓ Spielbrett (Aufteilung vgl.) und zehn Spielsteine, jeweils fünf in der gleichen Farbe
✓ Neun Fragekärtchen je Spielfeld
✓ Evtl. eine Antwortliste für die Spielleitung
✓ Bei der ersten Durchführung: Spielplan mit Spielsteinen zur Demonstration des Verfahrens (Folie, Flipchart, Tafel und Magnete)

 Sozialform/en

Kleingruppenarbeit – zwei Teams je Spielbrett
Nachbesprechung im Plenum, wenn nötig

 Dauer

Je nach Schwierigkeitsgrad der Fragen, der Anzahl an Spielrunden und der eventuell gewählten Zeitbegrenzung für die Beantwortung der Fragen kann das Spiel „Drei gewinnt" sehr unterschiedlich lange dauern.
Ohne Zeitbegrenzung für die Beantwortung sind 30-35 Minuten für eine Spielrunde ein guter Richtwert. Wird die Antwortzeit auf für derartige Spiele übliche 90 Sekunden limitiert, lässt sich ein Spiel auch in 20 Minuten durchführen.

 Geeignete Themen

Alle. Historische Themen sind stets mit Fachbegriffen, markanten Personen und (Sach-) Zusammenhängen verknüpft.

 Beispiele

Im folgenden exemplarischen Fragenset für das Spiel „Drei gewinnt". sind die Fragen der Spalte „C" mit Wahlmöglichkeiten ausgestattet, um auch das zweite Antwortformat vorzustellen. Die korrekte Lösung ist in diesem Fall in Fettsatz.

Thema: *Französische Revolution*

A1	**In welchem Zeitraum vollzieht sich die Französische Revolution?** *Von 1789 bis 1799.*
A2	**Welches Zeitalter hat die Ziele der Französischen Revolution maßgeblich beeinflusst?** *Das Zeitalter der Aufklärung.*
A3	**Wie heißt der König, der in Frankreich zu Beginn der Revolution regierte?** *Ludwig XVI.*
B1	**Womit wurde die Todesstrafe von Marie Antoinette offiziell begründet?** *Ihr wurde Landesverrat vorgeworfen.*
B2	**Welches Ereignis bringt man mit dem Ende der Terrorherrschaft („grande terreur") in Verbindung?** *Die Hinrichtung Robbespierres (durch die Guillotine).*
B3	**Welcher einstige Spottname bezeichnet zum Zeitpunkt der Französischen Revolution die Pariser Arbeiter und Kleinbürger, die maßgeblich in das Revolutionsgeschehen eingriffen?** *Die Sansculottes/Sansculotten.*
C1	**Welche der folgenden Persönlichkeiten lebte und agierte nicht zur Zeit der Französischen Revolution?** • *Olympe de Gouges* • **Marie Curie** • *Charlotte Corday* • *Marie Antoinette*
C2	**Im zweiten Jahr der Revolution, 1790, wurde eine Versammlung gewählt, die eine neue Verfassung ausarbeitete. Welches waren die wichtigsten Neuerungen?** • *Das Rechtssystem wurde strenger, und die Todesstrafe wurde wieder eingeführt.* • *Das Amt des Premierministers und ein Zweiparteiensystem wurden eingeführt.* • *Die Todesstrafe wurde abgeschafft und politische Gefangene begnadigt.* • **Frankreich wurde in Départements aufgeteilt, und Privilegien des Adels wurden aufgehoben.**

C3	**An welchem Tag wird in Frankreich der französische Nationalfeiertag gefeiert?** • **14. Juli** • *4. August* • *1. Mai* • *17. Juni*

 Chancen und Stärken

Lernende ...

✓ können sich individuell ihres Vorwissens bewusst werden, bringen dieses kooperativ ein und handeln gemeinsam mit ihrem Team eine Lösung zur Beantwortung der Frage aus;

✓ überprüfen und reflektieren ihren eigenen Kenntnisstand, indem sie sich mit den vorgeschlagenen Antwortmöglichkeiten ihrer Team-Mitglieder begründet auseinandersetzen;

✓ tauschen sich in Kleingruppen über Fachinhalte aus, ohne dabei der evtl. Sprachhürde des Plenums zu unterliegen;

✓ üben, bedingt durch einen vorgegeben Zeitrahmen, sich kurz und prägnant zu einer Frage- oder Problemstellung zu äußern;

✓ sind durch das spielerische Moment zur Stoffwiederholung motiviert;

✓ verhandeln gemeinsam über Maßstäbe, wann sie eine Antwort als „richtig" und wann als „falsch" annehmen wollen;

✓ können anhand des Spielverlaufs abschätzen, inwieweit noch ein Lernbedarf für sie besteht.

Lehrende ...

✓ bekommen einen breit gefächerten Überblick über den Kenntnisstand der Lerngruppe im Vorfeld einer Leistungsüberprüfung und können diesen bei der Konzeption der Leistungsüberprüfung einfließen lassen;

✓ bekommen in den Blick, an welcher Stelle noch Klärungsbedarf besteht und können diesen im Plenum aufgreifen.

 Risiken und Schwächen

Die eventuell entstehende Unruhe durch mehrere simultan spielende Teams. Besonders bei limitierter Antwortzeit könnte die Unruhe zunächst steigen. Motiviert durch das Bestreben, das Spiel für sich zu entscheiden, werden die Teams bemüht sein, die Arbeitsatmosphäre zunehmend ruhiger zu gestalten.

Aktivitätsanteile

Aktivitätsanteile der Lernenden

✓ Durchgängig hoch – egal ob als Spielleitung, Team-Sprecher oder Team-Mitglied.

Aktivitätsanteile der Lehrenden

✓ Durchgängig niedrig. Die Lehrperson kann ihre Position für Beobachtungen nutzen.

Motivation

Der Motivationscharakter liegt eindeutig im Wettbewerbs- und Spielcharakter der Methode.

Die Tatsache, dass die Lernenden hier ermitteln können, wie sicher sie „im Stoff" stehen, ist im Vergleich weniger bedeutsam, aber durchaus einzubeziehen.

Kompetenzbezug

Gefördert werden:

Selbstkompetenz,
da der eigene Wissensbestand im Hinblick auf die gestellten Fragen kritisch überprüft und eingeschätzt wird;

Sozialkompetenz,
denn zur Findung einer gemeinsamen Lösung bedarf es kooperativen Aushandelns und zielgerichteter Kommunikation.

Fachdidaktische Prinzipien

In der spielerischen Wiederholung werden umgesetzt:

Exemplarisches Lernen
dadurch, dass die Auswahl der Fragen beispielhaft für den behandelten Unterrichtsstoff erfolgt;

Schülerorientierung,
weil das Lernspiel den Bedarf an einer kontrollierenden Übung vor der
Leistungsüberprüfung auffängt, und zwar in einer motivierenden Form.

⏐← →⏐ Weiterarbeit

✓ Bei konsistenten Spielgruppen könnte ein Ergebnisbuch geführt
werden, sodass der spielerische Aspekt durch die Möglichkeit der
„Revanche" noch unterstrichen wird.

✓ Im Hinblick auf die Verwendung als Vorbereitung für eine Lernerfolgskontrolle sollten Fragen, deren Beantwortung noch Probleme
machten, im Plenum aufgegriffen werden.

§ Variation/en

Zusätzlich zu den bereits beschriebenen Möglichkeiten, verschiedene
Aufgaben-Antwort-Formate zu wählen oder mit einer Zeitbegrenzung
zu operieren, lässt sich auch die Nutzung selbst variieren. Statt zur vor-
bereitenden Stoffwiederholung im Vorfeld einer Leistungsüberprüfung
kann „Drei gewinnt" auch dafür verwendet werden, in ein unbekanntes
Thema einzuführen. Hierbei kann das Spiel zweierlei leisten: Zum einen kann es vorhandenes Wissen aktivieren und erfassen. Zum anderen
können Fragestellungen aufgezeigt werden, die für die nachfolgende
Unterrichtseinheit relevant sind und nach und nach bearbeitet werden
können. Als Plan aufgehängt, markieren die Spielsteine den Fortgang im
Stoff und die erarbeiteten Ergebnisse.

Weitere Informationen

THAL, Jürgen/VORMDOHRE, Karin: Methoden und Entwicklung, Hohengehren 2006, S. 73-75.

Begriff

Die Filmleiste liefert eine Abfolge von Einzelstationen, die einen historischen Ablauf oder auch eine methodische Vorgehensweise in ihren wesentlichen Schritten in Bild und Wort veranschaulichen.

Ziel/e

Eine Ereigniskette, ein Vorgang soll in seinem zeitlichen Ablauf verständlich und nachvollziehbar werden.

Beschreibung und Durchführung

Variante 1:
Eine komplette Filmleiste (Bild und Text) über eine historische Ereignis-
kette oder ein methodisches Vorgehen wird den Lernenden zur zügigen
Orientierung vorgegeben (Erarbeitung).

Variante 2:
Die komplette Filmleiste, allerdings in Einzelteilen (Bild und Text zu-
sammenhängend oder auch getrennt), wird von den Lernenden richtig
geordnet und in die korrekte Abfolge gebracht; bei der Vorstellung der
Ergebnisse wird die Anordnung begründet (Erarbeitung, Sicherung, Anwendung).

Variante 3:
Die Lernenden erhalten entweder nur die Bildfolge oder nur die Texte,
bzw. zum Teil Bilder und zum Teil Texte. Die jeweils fehlenden Teile
werden von ihnen eigenständig und sachlogisch ergänzt, so dass eine
vollständige Filmleiste entsteht (Erarbeitung, Sicherung, Anwendung).

Bei der Vorstellung der Ergebnisse (aller Varianten) werden die Lernenden aufgefordert, ihre Entscheidungen jeweils zu begründen.

Hinweise

✓   Da es hier auf „richtige" Lösungen ankommt, sollte eine Folie
    mit einer beispielhaften, kompletten Filmleiste zum Vergleich zur
    Verfügung stehen.
✓   Für sprachlich schwache Gruppen können Wörter, Satzmuster
    oder andere Formulierungshilfen zur Verfügung gestellt werden.

Diese können ablaufbezogen formuliert sein (Zuerst ... dann ... im Anschluss ... schließlich...) oder auch Fachbegriffe für die Inhalte zur Verfügung stellen.

 ## Vorbereitung

Die Filmleiste wird, je nach Variante, evtl. mit entsprechenden Leerfeldern erstellt. Für Variante 2 muss die Reihenfolge gezielt „ungeordnet" sein. Weiterhin ist die Erstellung einer beispielhaften kompletten Filmleiste zum Vergleich hilfreich.

 ## Material

✓ Die Filmleiste (je nach Variante) in Bild und Wort
✓ Eine beispielhafte, komplette Filmleiste, z.B. als Folie

 ## Sozialform/en

Einzel- oder Partnerarbeit

 ## Dauer

Je nach Variante und Umfang der Filmleiste 5 bis ca. 20 Min

 ## Geeignete Themen

Für eine historische Ereigniskette müssen aussagefähige und relevante „Einzelstationen" auszumachen sein, deren Gesamtzusammenhang den historischen Ablauf gut abbilden. Hierfür eignen sich sowohl a) spezifische als auch b) typische wie c) produktionsorientierte Abläufe.

Für ein methodisches Vorgehen eignen sich solche Verfahren, die mit einer bestimmten Reihenfolge einhergehen; hier lassen sich unter Umständen auch Variationen von den Lernenden finden und begründen.

 ## Beispiele

Spezifische historische Abläufe/Ereignisketten:
✓ Vom Beschluss der Auswanderung aus einer griechischen Polis bis zur Gründung einer Tochterstadt.

Typische historische Abläufe/Ereignisketten:

✓ Vom mittelalterlichen Dorf bis zur Verleihung der Stadtrechte.

Produktionsorientierte historische Abläufe:

✓ Vom Erz zum fertigen Werkstück.

✓ Der Ablauf in einem Manufakturbetrieb am Beispiel von ... (Spiel-karten).

Methodische Vorgehensweisen:

✓ Die Interpretation eines Kurvendiagramms (von der Bedeutung der Überschrift über die der Achsen ... bis zur zusammenfassenden Gesamtaussage).

✓ Vorbereitung (Durchführung, Auswertung) eines Zeitzeugenge-sprächs (hier kann es an manchen Stellen auch unterschiedliche Möglichkeiten für eine sinnvolle Reihenfolge geben).

Chancen und Stärken

Lernende ...

✓ können einen Ablauf oder Handlungsschritte in übersichtlicher, strukturierter und selbsterklärender Form leicht nachvollziehen (Variante 1);

✓ üben sich im sachlogischen Denken (Variante 2);

✓ üben sich in der angemessenen Versprachlichung oder Bebilderung (z.B. mit Hilfe von Symbolen) von Zusammenhängen (Variante 3).

Lehrende ...

✓ erhalten Einblicke in das (Vor-) Wissen und die angemessene Ver-wendung der Fachsprache ihrer Schüler/innen.

Risiken und Schwächen

Bei der Verwendung für eine historische Ereigniskette werden die vor-gegebenen Stationen in Form von Einzelbildern und ihren Texten stark vereinfacht und punktuell vermittelt, dabei kommt es zwangsläufig zu Vergröberungen.

Aktivitätsanteile

Aktivitätsanteile der Lernenden

✓ Alle sind an der Erstellung der Leiste aktiv beteiligt, Einzelne bei der Vorstellung und Begründung ihrer Ergebnisse in zusätzlicher, narrativer Form.

Aktivitätsanteile der Lehrenden

✓ Der Hauptanteil der Arbeit liegt in der Vorbereitung des Materials.
✓ In der Bearbeitung der Filmleiste hat die Lehrperson allenfalls beratende Funktion, in der Vorstellung der Ergebnisse moderierende.

 Motivation

Der Motivationscharakter liegt vor allem in der grafischen Aufarbeitung und den bildhaften Elementen.

Für Variante 2 kommt ein spielerisches Element (ähnlich dem eines Puzzles) zur Geltung. Variante 3 spricht, falls die Bilder zu ergänzen sind, kreative Potenziale an.

 Kompetenzbezug

Gefördert werden:

Deutungskompetenz
bei Variante 3, da Informationen und Zusammenhänge ergänzt werden;

Selbstkompetenz
durch die eigenständige Vernetzung von Wissensbeständen.

 Fachdidaktische Prinzipien

Bedeutsam wird:

Exemplarisches Lernen
durch die beispielhafte Auswahl der Thematik.

Weiterarbeit

✓ Evtl. bietet sich eine Umsetzung der Filmleiste in ein Rollenspiel an.
✓ Nach einer Lehrervorlage erarbeiten die Lernenden für ein Anschlussthema eine eigene Filmleiste.

Variation/en

Siehe ⓘ.

Weitere Informationen

LEISEN, Josef: Methoden-Handbuch DFU, Bonn 2003.

Weblink hierzu (Staatliches Studienseminar Koblenz):
http://www.studienseminar-koblenz.de/bildungswissenschaften/metho-denwerkzeuge.htm (Methode 8)

Galerie

 Begriff

In einer Galerie bewegt man sich durch den Raum und bleibt immer wieder stehen, um genauer hinzusehen. Hier geht jede/r mit einer festen Gruppe von „Ausstellungsstück" zu „Ausstellungsstück".

 Ziel/e

Die Galeriemethode stellt eine dezentrale Präsentation von Arbeitsergebnissen dar. Sie verhindert, dass Einzelne (häufig die gleichen Schüler/innen) im gesamten Plenum für das Ergebnis einer Gruppe einstehen müssen, einige aufgrund der räumlichen Entfernung das Produkt kaum erkennen können und manche bei der Präsentation mit anderen Dingen beschäftigt sind. Vielmehr ermöglicht die Methode allen Gruppen, ihre Ergebnisse vorzustellen und erlaubt, dass jede/r mit dem Erläutern dran kommt.

 Beschreibung und Durchführung

Die Beschreibung setzt bei der vorausgehenden Gruppenarbeit an: Lernende erstellen (in Gruppenarbeit) Produkte, z.B. Mindmaps oder Plakate, dabei handelt es sich i. d. R. um arbeitsteilige Aufgaben.

Um das Vorgehen vereinfacht darzustellen, wird hier zunächst von einer halben Lerngruppe mit 16 Schüler/innen ausgegangen. Je vier Schüler/innen bearbeiten einen Teilaspekt (A, B, C, D) des übergeordneten Themas.

```
        ┌─────────────────────┐
        │    Produkt A        │
        │  A1, A2, A3, A4     │
        └─────────────────────┘

┌─────────────────────┐       ┌─────────────────────┐
│    Produkt D        │       │    Produkt B        │
│  D1, D2, D3, D4     │       │  B1, B2, B3, B4     │
└─────────────────────┘       └─────────────────────┘

        ┌─────────────────────┐
        │    Produkt C        │
        │  C1, C2, C3, C4     │
        └─────────────────────┘
```

Nach Beendigung der Gruppenarbeit bleiben die Produkte, z.B. größere Plakate, an den Gruppentischen liegen.

Je ein/e Schüler/in verbleibt am eigenen Tisch und Plakat, die drei anderen verteilen sich auf die drei anderen Gruppentische.

Der eigentliche Galerie-Rundgang erfolgt also in neuen, „gemischten" Gruppen.

Noch bevor sich die Arbeitsgruppen trennen, sollten sie Zeit für eine Absprache bekommen, um zu klären, was die Schwerpunkte ihrer Präsentation sein sollen.

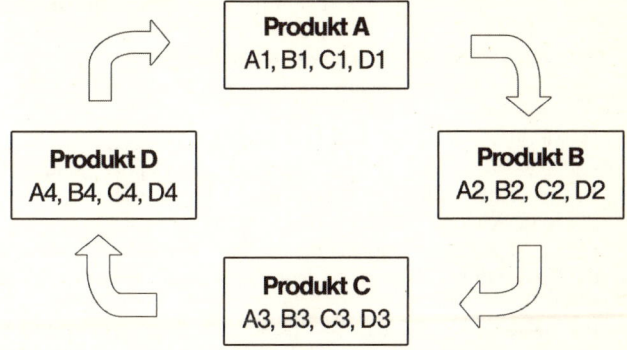

Produkt A
A1, B1, C1, D1

Produkt D
A4, B4, C4, D4

Produkt B
A2, B2, C2, D2

Produkt C
A3, B3, C3, D3

Die Schüler/innen, die an „ihrem" Plakat stehen, stellen es jeweils den Vertreter/innen der übrigen Gruppen vor. Hierfür sollten, je nach Komplexität der Produkte, etwa 3 bis 5 Minuten pro Plakat vorgesehen werden. Bleibt nach der Vorstellung Zeit, können Rückfragen gestellt werden.

Auf ein akustisches Signal hin bewegen sich alle Gruppen in der Galerie von einem „Ausstellungsstück" zum nächsten, sodass wieder alle Plakate „belegt" sind und das nächste Ergebnis von dem entsprechenden Gruppenmitglied vorgestellt werden kann. Der Wechsel endet, nachdem alle die vier Produkte kennen gelernt haben.

Im Blick auf eine gesamte Klasse von z.B. 32 Lernenden wird der Klassenraum „halbiert" und das Vorgehen „verdoppelt". Auf diese Weise entstehen für den Galerierundgang zwei Kreisläufe.

Nicht alle Gruppenarbeiten werden rechnerisch so „glatt" wie im Beispiel aufgehen, sodass es dazu kommen kann, dass zum Teil auch zwei Vertreter/innen beim Rundgang für ihr Plakat gemeinsam einstehen.

Da die Gruppen sicher gern auch die Ergebnisse der arbeitsgleichen Gruppe (aus dem anderen „Kreislauf") anschauen, können alle Plakate im Anschluss im Klassenraum oder auch auf einem Flur ausgestellt werden.

 Hinweise

✓ Evtl. bietet es sich an, für den Galerierundgang auf Regeln hinzu-weisen wie
  • Sofortiges Weitergehen zum nächsten Plakat auf das Signal hin!
  • Möglichst leises Sprechen an den Plakaten!
  • Konstruktive Nachfragen bzw. Kritik während des Rund-gangs!

✓ Damit die Zusammenstellung der neuen Gruppen an den Tischen und das Wechseln von Tisch zu Tisch gut klappen, sollte jede Gruppe durchzählen (im Beispiel von 1 bis 4), wobei eine Tafel-skizze hilfreich sein kann.

✓ Für lernschwächere Schüler/innen kann es hilfreich sein, wenn sie die Präsentation in einem Tandem leisten und hier Unterstützung finden.

✓ Ein freies Umhergehen ist hier nicht vorgesehen; eine andere de-zentrale Vorstellung von Gruppenarbeitsergebnissen ohne gezielte Präsentationen vgl. die Methode ⇨ MARKT.

 Vorbereitung

Die Vorbereitung ist gering, die Arbeitstische sind schon für die Grup-penarbeit gleichmäßig im Raum verteilt; die beiden Rundgänge müssen möglichst reibungslos funktionieren können, d.h. Stühle und Mappen stehen nicht störend im Raum. Die eigentliche Vorbereitung leisten die Lernenden in der Erarbeitung der Produkte.

Ein akustisches Signal (z.B. ein Gong) ist wichtig!

 Material

✓ Produkte aus der vorangegangenen Gruppenarbeit, z.B. Plakate
✓ Tafelskizze für den Ablauf
✓ Akustisches Signal, z.B. ein Gong, für den Wechsel im Rundgang

Sozialform/en

Kleingruppenarbeit, wobei es hier weniger auf das gemeinsame Arbeiten (wie in der vorausgegangenen Gruppenarbeit) ankommt, sondern verstärkt auf individuelles Lernen und Agieren in und vor einer Kleingruppe.

Dauer

Je nach Anzahl und Umfang der Produkte, die es im Rundgang zu präsentieren gilt, ca. 15 bis 30 Minuten.

Geeignete Themen

Hier gibt es viel Freiheit, das Thema sollte sich in verschiedene Aspekte untergliedern lassen, nicht-linear sein und sich für die Aufbereitung in einer Map, einem Plakat, also für eine Visualisierung eignen.

Beispiele

Die einzelnen Gruppen haben in einem *Längsschnitt* zum Thema *Umweltgeschichte* gearbeitet. Sie haben ihre Erkenntnisse in Plakaten visualisiert, die aus Überschriften, Begriffen, kurzen Texten, Symbolen, Kopien, Zeichnungen, Pfeilen, Farben, ... bestehen.

Die Gruppen haben zu Teilthemen gearbeitet, wie ...

- ✓ Wir brauchen Schiffe! Holzraubbau in der griechischen Antike
- ✓ Achtung Nachttopf! Verschmutzung mittelalterlicher Städte
- ✓ Trink nicht aus dem Fluss! Folgen der Industrialisierung für Flüsse
- ✓ Dicke Luft! Probleme von Industriezentren im 20. Jahrhundert
- ✓ Hier ist alles verseucht! Tschernobyl und die Folgen

Chancen und Stärken

Lernende ...

- ✓ narrativieren ihre Erkenntnisse zu einer historischen Fragestellung und erläutern den Lern- und Arbeitsweg, den die Gruppe gegangen ist;

✓ üben sich dabei in der Präsentation eines Gruppenergebnisses vor einer kleinen Gruppe und entwickeln Selbstvertrauen;

✓ können alle Plakate von Nahem betrachten;

✓ üben sich im nachvollziehenden Verstehen der Ergebnisse anderer.;

✓ stärken ihre Eigenverantwortlichkeit für ein angemessenes Verhalten während des Rundgangs.

Lehrende ...

✓ können die Organisation der Vorstellung von Produkten ihrer Lerngruppe überlassen und sich selbst umsehen und informieren, ohne ständig die Aufmerksamkeit aller bündeln zu müssen.

 Risiken und Schwächen

Lernende ...

✓ Bei noch ungeübten Lernenden mag der Zeitaufwand zunächst groß sein.

✓ Nicht alle Gruppenvertreter/innen werden das Ergebnis wirklich kompetent vertreten und vorstellen können.

Lehrende ...

✓ Müssen insbesondere bei der Einführung der Methode den organisatorischen Überblick behalten und evtl. (vor allem bei zwei Rundgängen in einem Klassenraum) immer wieder für einen geregelten Ablauf sorgen.

 Aktivitätsanteile

Aktivitätsanteile der Lernenden

✓ Jede/r ist mit dem Präsentieren, Anschauen, Aufnehmen, Nachfragen und Antworten im Wechsel beschäftigt und nimmt aktiv Anteil.

Aktivitätsanteile der Lehrenden

✓ Beim Galerierundgang kann man sich einer Gruppe anschließen oder auch zwischen den Gruppen wechseln, möglichst ohne einzugreifen.

✓ Nach der verabredeten Zeit ist das akustische Signal zu geben.

✓ Evtl. greift man bei zu hoher Lautstärke regelnd ein.

✓ Im anschließenden, auswertenden Plenum übernimmt man wieder Moderationsfunktion.

Motivation

Motivierend wirkt hier, dass es sich auch im Wortsinn um eine bewegte Methode handelt.

Für diejenigen, die präsentieren, wird sich der Stolz auf das Produkt, für die anderen die Neugierde auf die jeweils anderen Ergebnisse und Produkte als motivierend erweisen.

Kompetenzbezug

Gefördert werden:

Analyse- und Deutungskompetenz
vor allem in der vorausgegangenen Erarbeitung des Produkts;

Selbstkompetenz
im sich Einbringen in der Erarbeitung und in der Präsentation des Ergebnisses für andere;

Sozialkompetenz
im gemeinsamen Erarbeiten des Produkts und im disziplinierten Reden, Zuhören und „Wandern".

Fachdidaktische Prinzipien

Abhängig vom Thema und vom Produkt bieten sich an:

Forschend-entdeckendes Lernen,
vor allem in der Erstellung der Produkte, wenn die Lernenden mithilfe unterschiedlicher Materialien eigene Schwerpunkte setzen können;

Handlungsorientierung
in der Erstellung und Präsentation der Produkte;

Gegenwarts- und Zukunftsbezug
durch die Betrachtung der Geschichte mittels gegenwärtiger Fragen und mit dem heutigen Problembewusstsein sowie durch die Perspektive einer anzustrebenden Zukunft;

Schülerorientierung,
vorausgesetzt, die Lernenden arbeiten an für sie interessanten Themen und können eigene Schwerpunkte setzen.

Weiterarbeit

✓ Nach der Rückkehr in das Plenum kann es zu einem Austausch über die Ergebnisse und zu einer Bewertung kommen. Dabei sollte es Aussagen zu verabredeten Kriterien geben. Diese Phase könnte auch schriftlich mit Hilfe von Evaluationsbögen erfolgen. (Produkt: inhaltliche Aussagekraft, Relevanz der Informationen, Verständlichkeit, Gestaltung und Aufbereitung der Informationen; Präsentation: Verständlichkeit, Beantwortung der Fragen durch die Gruppenmitglieder, ...).

✓ Auch eine Benotung (für die Gruppen) könnte sich anschließen, bei der die Lehrperson die Lernenden beteiligen kann.

✓ Sowohl die vorangegangene Gruppenarbeit als auch das Galerie-verfahren sollten auf der Metaebene im Gespräch ausgewertet werden.

✓ Insgesamt darf das Lob für die Produkte nicht zu kurz kommen!

✓ Für die Sicherung gibt es verschiedene Möglichkeiten: Ein Merk-blatt mit wichtigen Inhalten, ein Lückentext wird ausgefüllt, auf einem AB müssen die Lernenden Aussagen zu den einzelnen Teilthemen mit dazugehörigen Abbildungen verbinden usw.

✓ Als Variante kann jede Gruppe im Anschluss Quizfragen erstellen, auf die ihr Produkt Antwort gegeben hat.

✓ Gemeinsam kann eine Überprüfung zu den Teilthemen konzipiert werden.

 Variation/en

Schon während des Rundgangs können die Lernenden bestimmte Recherchaufträge übernehmen und sich z.B. Ergebnisse zu bestimmten Fragen notieren oder einen Lückentext ausfüllen; das benötigt dann eine entsprechend aufwändigere Vorbereitung und mehr Zeit für den Rundgang.

Weitere Informationen

Basierend auf Unterrichts- und/oder Seminarerfahrungen.

Gitterrätsel

Begriff

In einem Gitter ist ein Rätsel angeordnet, das bestimmte Begriffe oder/ und Namen erfragt.

Ziel/e

Lernende erinnern sich an gelernte Begriffe und Namen und wiederholen und festigen diese im Zusammenhang mit ihren Bedeutungen.

Beschreibung und Durchführung

Das Rätsel wird individuell (oder in Partnerarbeit) gelöst.

Im Anschluss werden die Ergebnisse verglichen (z.B. mit Hilfe einer Lösungsfolie) und evtl. Fragen geklärt.

Hinweise

✓ Beim Auffüllen der freien Felder mit beliebigen Buchstaben ist darauf zu achten, dass nicht ungewollt neue Begriffe entstehen.

✓ Zur zeiteffizieten Umsetzung von größeren/mehreren Gitterrätseln bietet sich die Verwendung von entsprechenden Freewareprogrammen an (vgl. ↷).

✓ Statt auf Papier lässt sich das Gitterrätsel auch für die Bearbeitung am Computer anlegen (etwa mit „Hot Potatoe", vgl. ↷).

Vorbereitung

✓ Geeignete Begriffe und Namen zu einem Unterrichtsthema, einer Einheit, werden senkrecht und waagerecht in einem Gitter (z.B. auf Karopapier), in Großbuchstaben eingetragen. Dabei kann es auch „Überschneidungen" geben (vgl. ▦).

✓ Unterhalb des Gitters werden Fragen oder Hinweise notiert, die auf die Begriffe und Namen verweisen.

✓ Alle übrigen Felder werden mit beliebigen Buchstaben aufgefüllt.

✓ Auf dem Lösungsbogen werden die Lösungen farbig umrahmt oder auch farbig schraffiert.

Gitterrätsel

 Material

✓ Das Rätselblatt
✓ Evtl. eine Folie, auf der die Lösungen gekennzeichnet sind

 Sozialform/en

Einzel- oder auch Partnerarbeit

 Dauer

Ca. 5 bis 10 Minuten

 Geeignete Themen

Alle, da historische Themen immer mit Fachbegriffen und in der Regel auch mit Namen von Personen verknüpft sind.

 Beispiele

Thema: *Berufe im Mittelalter*

G					W										
E		S	E	I	D	E	N	S	T	I	C	K	E	R	I	N
R					B										
B	A	D	E	R		E		S	T	E	I	N	M	E	T	Z
E					R										
R															

Finde X Berufe des Mittelalters.

Weitere beispielhafte Themen:

✓ *Erfindungen und Materialien der Jungsteinzeit* (Webstuhl – Töpfern – Hausbau – Wolle – Lehm – ...)
✓ *Götter und Göttinnen bei den Griechen* (Zeus – Athene – Demeter – Poseidon – ...)
✓ *Reformation und Reformatoren*
✓ *Russische Revolution*

Chancen und Stärken

Lernende ...

✓ wiederholen und festigen wichtige Begriffe und Namen.
✓ wiederholen das Schriftbild von Fachbegriffen und Namen.
✓ finden heraus, welche Begriffe und Namen sie für eine Lernkontrolle wiederholen sollten.

Lehrende ...

✓ können beobachten, wie viel oder wenig Mühe es der Gruppe macht, die Lösungen zu finden und gönnen ihrer Gruppe den Rätselspaß.

Risiken und Schwächen

Keine, wenn diese Form der Wiederholung nicht die einzige zum Themenfeld bleibt.

Aktivitätsanteile

Aktivitätsanteile der Lernenden

✓ Für die die kurze Zeit der Bearbeitung sind sie hoch.

Aktivitätsanteile der Lehrenden

✓ Der Vorbereitungsaufwand hält sich in Grenzen, und beim Lösen des Rätsels ist Zurückhaltung angesagt.

Motivation

Die Motivationskraft liegt in dem Rätselcharakter der Methode, das bringt den Lernenden Spaß und Abwechslung und mag sie auch von manchen anspruchsvollen Aufgaben des Geschichtsunterrichts entlasten.

Kompetenzbezug

Als Kompetenz wird hier gefördert:

Selbstkompetenz
im Abrufen und Aktivieren des Wissens.

Fachdidaktische Prinzipien

Die Arbeit mit dem Gitterrätsel bedient im Idealfall:

Exemplarisches Lernen,
denn die Lernenden wiederholen eine Auswahl an Begriffen und Namen, die exemplarisch für den behandelten Stoff stehen, und können sich anhand dieser thematisch orientieren.

 Weiterarbeit

✓ Lernende schreiben mit Hilfe der Begriffe und Namen einen zusammenfassenden Text zum Thema.

✓ Begriffe werden nach Vorgaben geordnet, und wenn möglich, durch Oberbegriffe ergänzt.

✓ Lernende entwerfen für die Mitschülerinnen und Mitschüler beim nächsten Thema eigene Gitterrätsel.

 Variation/en

Alternativ ist auch möglich:

✓ Begriffe, Personen, Namen werden mithilfe von Erläuterungen gesucht und gefunden.

✓ Die Lernenden formulieren selbst passende Erläuterungen, Umschreibungen oder Fragen zu den gefundenen Begriffen.

✓ Das Rätsel wird in Kleingruppen als Wettbewerb nach Zeit gelöst.

✓ Die Begriffe werden zusätzlich diagonal angeordnet.

Weitere Informationen

MÜLLER, Frank: Selbstständigkeit fördern und fordern, Weinheim/Basel 2004, S. 68ff.

Webseite mit Anregungen zur Nutzung der Freeware „Wordsearch" (Windows) bzw. „Wordfind" (Mac) für Gitterrätsel in Papierform:
http://www.werkzeugkiste.ch/zusatzmaterial/wordfind.html

Webseite der ETH Zürich zur Arbeit mit PC-Rätselanwendung „Hot Potatoe" (inkl. didaktischer Überlegungen):
http://www.elba.ethz.ch/services/quiz

Begriff

Graffiti entstehen zügig, haben künstlerische Elemente, müssen kein „perfektes" Werk sein und können nach und nach wachsen.

Ziel/e

Lernende erarbeiten in Gruppen Teilaspekte eines Themas. Die Erarbeitung dient entweder der Erfassung der Lernvoraussetzung (Einstieg in ein Thema) oder der Sicherung und Strukturierung von Lernergebnissen (Abschluss eines Themas).

In dieser Form der Gruppenarbeit ist nicht eine Gruppe für ein Thema zuständig, sondern die Gruppen wechseln in einem bestimmten Zeittakt von Aufgabe zu Aufgabe und ergänzen die Gedanken und Ergebnisse der Vorgängergruppen, sodass am Ende alle zu allen Themen gearbeitet haben.

Beschreibung und Durchführung

Wie in den Zielen angedeutet, lassen sich zwei Zielstellungen für den Unterricht unterscheiden:

a) Das Vorwissen, die Einstellungen, die Fragen zu einem neuen Thema sollen erfragt werden.

b) Am Ende einer umfangreicheren Erarbeitung wird das Thema nochmals durch die Graffiti-Methode wiederholt und dabei strukturiert, reflektiert und gefestigt. Auch Transferleistungen können hier erbracht werden.

1. Die Lerngruppe wird in Gruppen von nicht mehr als fünf Lernenden aufgeteilt. Das Thema wird in etwa gleichrangige Teilthemen oder Fragestellungen gegliedert, idealerweise in drei bis vier, aber nicht mehr als in fünf.

2. Je nach Klassengröße kann es auch zwei „Kreisläufe" geben, in denen arbeitsgleich gearbeitet wird.

Nun kann die Arbeit in zwei Verfahren verlaufen:

3. Auf jedem Gruppentisch liegen die Arbeitsaufgabe und Notizblätter bereit. Die erste Gruppe beginnt mit der Bearbeitung und legt dazu auf den Notizblättern einen Speicher mit Stichpunkten, vielleicht auch schon mit der Idee einer Struktur, einer Map, einer Tabelle ... an. Bearbeitungszeit etwa 10 Minuten.

4. Auf ein akustisches Signal hin wechseln alle Gruppen zur nächsten Aufgabe, lesen die dortige Aufgabe, machen sich mit den Stichworten vertraut und ergänzen weitere, neue Ideen und Gedanken auf dem Vorentwurf. Bearbeitungszeit etwa 5-8 Minuten.

5. Bei den nächsten Signalen erfolgen wieder die Wechsel, wobei die Bearbeitungszeiten immer kürzer werden, da es immer weniger zu ergänzen gibt, nachdem schon mehrere Gruppen zum gleichen Thema gearbeitet haben.

6. Schließlich gelangt jede Gruppe wieder zu ihrem Ausgangsthema zurück. Jetzt erhält sie ein großes Plakat oder eine Folie und passende Stifte und hat die Aufgabe, alles zu sichten und eine Map, ein Strukturbild, eine Tabelle, ein kommentiertes Bild ... daraus zu gestalten. Gibt es Anmerkungen aus den anderen Gruppen, die nicht geteilt werden,

3. Auf jedem Gruppentisch liegen die Arbeitsaufgabe und ein großes Plakat oder eine Folie und passende Stifte bereit. Die erste Gruppe beginnt mit der Bearbeitung und einigt sich auf eine Darstellungsform, z.B. eine Map, ein Strukturbild, eine Tabelle, ein kommentiertes Bild ... . Die ersten Gedanken werden auf dem Plakat/der Folie dazu notiert. Bearbeitungszeit etwa 15 Minuten.

4. Auf ein akustisches Signal hin wechseln alle Gruppen zur nächsten Aufgabe, lesen die dortige Aufgabe, machen sich mit der gewählten Struktur und den ersten Einträgen vertraut und ergänzen weitere, neue Ideen und Gedanken. Bearbeitungszeit etwa 5-8 Minuten.

5. Bei den nächsten Signalen erfolgen wieder die Wechsel, wobei die Bearbeitungszeiten immer kürzer werden, da es immer weniger zu ergänzen gibt, nachdem schon mehrere Gruppen zum gleichen Thema gearbeitet haben.

6. Schließlich gelangt jede Gruppe wieder zu ihrem Ausgangsthema zurück. Jetzt sichtet sie die Ergänzungen. Gibt es Anmerkungen aus den anderen Gruppen, die nicht geteilt werden, können diese mit einem Fragezeichen

können diese mit einem Fragezeichen versehen werden. Im Anschluss wird noch abgesprochen, wie die Präsentation (mit möglichst breiter Beteiligung) erfolgen kann. Bearbeitungszeit etwa 15 Minuten.

versehen werden. Auch eigene Ergänzungen sind jetzt noch möglich. Im Anschluss wird noch abgesprochen, wie die Präsentation (mit möglichst breiter Beteiligung) erfolgen kann. Bearbeitungszeit etwa 8 Minuten.

Die Präsentation kann jetzt entweder zentral (eine Gruppe für alle bzw. für ihren „Kreislauf") oder dezentral nach der Methode ⇨Galerie (in einem oder auch in zwei „Kreisläufen") erfolgen.

Hinweise

✓ Wenn es um die Ermittlung von Vorwissen geht (Variante a), sollten die Lernenden auch über dieses verfügen, sodass sich die Arbeit „lohnt". Das Formulieren von Fragen ist hier erwünscht.

✓ Für die Aufbereitung und Sicherung erarbeiteter Themen (Variante b) bietet es sich an, die Teilthemen nicht identisch zur Erarbeitung im Unterricht zu wählen, um eine reine Wiederholung zu vermeiden. Neue Zuschnitte, problemorientierte Fragestellungen erfordern neues Nachdenken und bieten frische Anreize.

✓ Die Lernenden sollten darauf hingewiesen werden, dass sie (vor allem im ersten Bearbeitungsschritt) keine Vollständigkeit in der Bearbeitung erreichen müssen und dass kein Anspruch auf „perfektes" Design besteht.

✓ Grundsätzliche Erfahrungen über das Verhalten bei Gruppenarbeit und mögliche Formen der Plakatgestaltung sollten vorhanden sein. Darüber hinaus müssen sich die Gruppen in Disziplin üben und pünktlich auf das Signal hin die Arbeitsplätze wechseln.

✓ Für die Präsentation muss klar sein, dass Rückfragen gestellt werden dürfen (Welche Gruppe hat aus welchem Grund einen Begriff, ein Argument, eine Frage aufgeschrieben?). Hier kann eine rege Diskussion entstehen, die die Reflexion des Themas vertieft. Dieser Aspekt spricht für eine zentrale Vorstellung der Ergebnisse.

✓ Das erste Verfahren (vgl. linke Spalte bei ①) hat den Vorteil, dass es nicht vorschnell zu einer Festlegung der Gestaltung kommen muss und der Druck im Blick auf das Produkt dadurch geringer wird. Somit wird eine stärkere Konzentration auf die Aufgabenstellung möglich. Die Gruppe, die die Verantwortung für das Produkt trägt, kann freier gestalten und muss sich nicht durch die Ergänzungen der anderen „überrumpelt" fühlen. Dafür ist der Zeitaufwand insgesamt als höher einzuschätzen.

✓ Das zweite Verfahren (vgl. rechte Spalte bei ⓘ) erfordert insgesamt weniger Zeit, baut mehr auf einen zügig zu erreichenden Überblick und bedingt in der Gestaltung ein weniger anspruchsvolles Produkt.

 ## Vorbereitung

Der Vorbereitungsaufwand ist gering, das Thema muss in geeignete Teilthemen und entsprechende Aufgaben gegliedert und das Material (Stifte ...) bereitgestellt werden. Die Lernenden übernehmen die Aufstellung der Tischgruppen.

 ## Material

✓ Aufgabenstellungen zu den Teilthemen
✓ Große Notizzettel (Variante a, vgl. ⓘ)
✓ Plakate und Stifte bzw. Folien und Stifte
✓ Wird Graffiti zur Wiederholung und Sicherung genutzt, können die Lernenden ihre Unterlagen, z.B. Hefter und Bücher, sinnvoll nutzen

 ## Sozialform/en

Gruppenarbeit mit anschließender Präsentation

 ## Dauer

Je nach Komplexität der Aufgabenstellung und der Thematik sowie je nach Anzahl der Teilgruppen werden für die Erarbeitung und die Präsentation etwa eine bis zwei Schulstunden benötigt.

 ## Geeignete Themen

Hier bieten sich alle in etwa gleich große Anteile aufzugliedernde, nichtlineare Themen des Geschichtsunterrichts an.
Auch Methoden historischen Arbeitens können so bearbeitet werden.

Beispiele

Thema: *Zeitzeugengespräche vorbereiten* (Version a, vgl. ①)

Gruppe 1: Was gehört zur *Vorbereitung* eines Gesprächs?
Gruppe 2: Was ist bei der *Durchführung* eines Gesprächs zu bedenken?
Gruppe 3: Wie kann das Gespräch und seine Ergebnisse *ausgewertet* werden?
Gruppe 4: Was sind *Vorteile* und Lernchancen für ein Zeitzeugengespräch?
Gruppe 5: Was sind *Probleme* und „Nachteile" eines Zeitzeugengesprächs?

Thema: *DDR-Geschichte, Alltag* (Version b, vgl. ①)

Gruppe 1: Verflechtungen zwischen DDR- und BRD-Geschichte
Gruppe 2: Zwischen Anpassung und Widerstand
Gruppe 3: Zwischen Privatheit und Aufmärschen
Gruppe 4: Zwischen Jugendkultur/en und Alter
Gruppe 5: Zwischen Planwirtschaft und privater Flexibilität

Chancen und Stärken

Lernende ...

✓ können sich individuell ihres Vorwissens (a)/ihres erarbeiteten Wissens (b) bewusst werden und dieses kooperativ bündeln und verhandeln sowie gemeinsam strukturieren und visualisieren;
✓ erhalten einen Überblick über das Vorwissen anderer (a)/über das erarbeitete Thema und bereiten sich damit auf eine Überprüfung (Lernzielkontrolle, mündliche Prüfung, Klausur ...) vor (b);
✓ übernehmen Verantwortung für ein Teilthema, in das sie vor allem für die Darstellung und die Präsentation investieren;
✓ üben sich in der Diskussion vor allem in der Kleingruppe;
✓ können sich durch das Bearbeiten mehrerer Teilthemen in einer flexiblen Denk- und Arbeitshaltung üben;
✓ üben sich in kooperativer Zusammenarbeit und entwickeln erfahrungsgemäß schnell ein „Wir-Gefühl" für die eigene Gruppe;
✓ bleiben aktiv dran, weil sie neugierig auf die folgenden Teilthemen werden und gespannt sind, was die anderen Gruppen zu „ihrem" Thema ergänzt haben.

Lehrende ...

✓ bekommen einen breit gefächerten Überblick über das Vorwissen, eventuelle Voraus- oder Vorurteile bzw. die Fragen der Lernenden (a)/können sich ein Bild von der Effektivität des Unterrichts und für die Lerngruppe wichtige und gefestigte Aspekte machen (b).

 Risiken und Schwächen

Die eventuell entstehende Unruhe durch das Wechseln der Gruppen im Raum.

 Aktivitätsanteile

Aktivitätsanteile der Lernenden

✓ Durchgängig hoch.

Aktivitätsanteile der Lehrenden

✓ Durchgängig niedrig.

 Motivation

Motivierend wirkt hier, dass es sich auch im Wortsinn um eine bewegte Methode handelt; die Lernenden können, ja müssen sich durch den Klassenraum bewegen. Die Gruppen entwickeln (dabei) ein „Wir-Gefühl", das sich leistungssteigernd und motivierend auswirkt.

Da die Gruppe an jedem neuen Arbeitstisch eine neue Teilaufgabe erwartet, wird Neugierde auf diese wie auch auf die Vorarbeit der anderen motivierend sein.

 Kompetenzbezug

Je nach Schwerpunktsetzung:

Deutungs- und Methodenkompetenz
durch die Aufbereitung von Geschichte;

Selbstkompetenz
durch eigenaktive Mitarbeit und narrative Begründungen für die eigenen Ideen innerhalb der Gruppe;

Sozialkompetenz
durch gemeinsame Absprache und Gestaltung.

Fachdidaktische Prinzipien

Je nach gewählter Themenstellung werden umgesetzt:

Gegenwarts- und Zukunftsorientierung
durch die Themenstellung und die Betrachtung der Themenstellung aus der Gegenwart;

Handlungsorientierung
durch die Erstellung eines Produkts und die Modifikation fremder Arbeitsergebnisse;

Multiperspektivität,
sofern unterschiedliche Perspektiven in der Geschichte zur Geltung kommen;

Pluralität
durch die einander ergänzenden Ideen und Beiträge aller Lernenden.

Weiterarbeit

✓ Die entstandenen Plakate sollten nach der Präsentation auch von der Lehrkraft kommentiert werden, indem eine Einschätzung (z.B. bezüglich der Vollständigkeit, der Gestaltung ...) gegeben wird. Dabei darf das Lob nicht zu kurz kommen!

✓ Die Ergebnisse können ausgehängt und bei Bedarf fotografiert und ausgedruckt bzw. die Folien kopiert werden.

Variation/en

Mögliche Variationen ergeben sich in der Nutzungsform (vgl. ①, a) und b) sowie bei den beiden unterschiedlichen Verfahren in der Durchführung.

Weitere Informationen

ADAMSKI, Peter: Graffiti im Geschichtsunterricht. Eine kooperative Lernform für die Sekundarstufe I und II. In: RAAbits Geschichte 46.

Gruppenpuzzle

 Begriff

Ein Puzzle ergibt in der Zusammensetzung seiner Einzelteile ein Ganzes, so auch hier. Eine Gruppe erarbeitet sich dadurch, dass die einzelnen Mitglieder in Teilthemen zu Expert/innen werden, einen gemeinsamen Überblick zu einem Gesamtthema.

 Ziel/e

Ein Thema, das in gleich große Anteile aufgeteilt ist, wird in einer (Stamm-) Gruppe unter den Mitgliedern aufgeteilt und von ihnen erarbeitet. Jedes Mitglied der Stammgruppe übernimmt für die Erarbeitung und die Vermittlung seines Teilthemas Verantwortung, sodass alle in der Stammgruppe im wechselseitigen Lehren und Lernen Kenntnisse über das gesamte Thema erhalten. Dabei üben sich die Lernenden in unterschiedlichen und einander abwechselnden Sozialformen.

 Beschreibung und Durchführung

1. Einführung im Plenum: Vorstellung des übergeordneten Themas und der (im Umfang gleichen und gleich wichtigen) Teilthemen, möglichst mit Hilfe eines ⇨ADVANCE ORGANIZERS.
2. Einteilung der Klasse in Stammgruppen. Die Anzahl der Lernenden in den Stammgruppen entspricht der Anzahl der Teilthemen. Hervorragend eignet sich die Aufteilung in vier Teilthemen, damit ergeben sich Stammgruppen mit je vier Mitgliedern (alternativ auch drei bis maximal fünf Teilthemen und Gruppenmitglieder). In den Stammgruppen einigen sich die Mitglieder, wer welches Teilthema bearbeitet. Die Einteilung kann alternativ auch durch Zufall oder die Lehrkraft erfolgen. Das (deutlich gekennzeichnete) Arbeitsmaterial wird hier oder auch in Phase 3 verteilt. Ab jetzt wird in allen Phasen mit einer Zeitvorgabe gearbeitet, die durch ein akustisches Signal, z.B. einen Gong, angezeigt wird und einzuhalten ist!
3. Erarbeitung/Aneignung: Alle Lernenden treffen sich in Expertengruppen, die sich durch die Bearbeitung des gleichen Teilthemas ergeben. In den Expertengruppen (Aneignung) wird wiederum in zwei Phasen gearbeitet:
    a) Jede/r erarbeitet sein Teilthema mit Hilfe des Materials in Einzelarbeit (nach Zeitvorgabe).

b) Die Expertengruppen tauschen sich darüber aus, was und wie sie im Anschluss in der Stammgruppe ihr erworbenes Wissen weiter geben wollen. Hier können sich die Expert/innen gegenseitig unterstützen, kontrollieren und gemeinsam evtl. Fragen klären. Damit dieser Part gut gelingt, muss es zu jedem Teilthema u.U. mehrere Expertengruppen geben; in jeder einzelnen sollten nicht mehr als sechs Expert/innen sein, um allen eine aktive Mitarbeit zu möglichen.

4. Vermittlung und Vertiefung: Nach der Rückkehr aller in die Stammgruppen findet hier die Vermittlung der Teilthemen statt. Während jeweils eine/r präsentiert (Berichter/in oder Expert/in), kann ein anderes Gruppenmitglied nach Verabredung auf das Zeitlimit achten (Zeitwächter/in), ein/e Dritte/r kann im Anschluss die wichtigsten Aspekte zusammenfassen (Wiederholer/in). Diese Rollen werden fortlaufend gewechselt. Im Anschluss kann es für die Stammgruppen noch eine gemeinsam zu lösende Aufgabe geben, die der Vertiefung gilt.

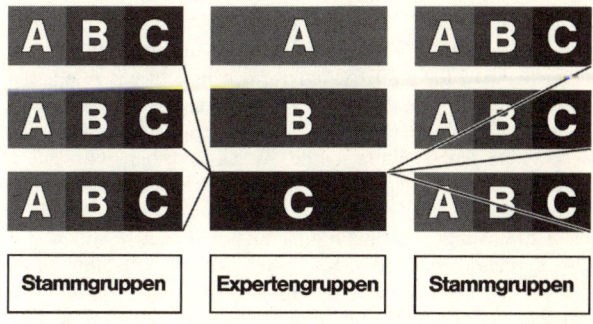

5. Sicherung, evtl. Kontrolle und Auswertung im Plenum: Abschließend kann je nach Aufgaben- und Zielstellungen gemeinsam gesichert und/oder kontrolliert werden. Offene Fragen können geklärt und die Methode und ihre Lernergebnisse werden gemeinsam ausgewertet.

Hinweise

✓ Die Methode gehört zu den Basics von SOL.

✓ Für einen ersten Einsatz der Methode sollte ihr Ablauf in der ersten Phase, unterstützt durch eine Visualisierung, vorgestellt werden.

✓ Die Zusammensetzung der Stamm- und der Expertengruppen kann nach unterschiedlichen Vorgaben erfolgen. So können z.B. die Wünsche oder Sympathien der Lernenden ausschlaggebend sein, soziale Gesichtspunkte oder die Leistungsstärke (homogen/heterogen) durch den Lehrenden in einer gezielten Gruppeneinteilung berücksichtigt oder die Zusammensetzung auch durch Zufall ermittelt werden.

✓ Lernschwache oder/und in der Präsentation noch ungeübte Lernende könnten durch einen Tandempartner verstärkt werden, der unterstützend wirkt, ohne den anderen zu dominieren.

✓ Je kleiner die Stamm- und die Expertengruppen, desto intensiver die Arbeits- und Lerneffizienz für die Einzelnen.

✓ Klare Zeitvorgaben und ein akustisches Signal für den Phasenwechsel sorgen für Orientierung und einen geregelten Ablauf.

✓ Das Material für die Expertengruppen besteht aus mindestens einer leitenden Fragestellung und aus Material wie Text- und Bildquellen für die individuelle Erarbeitung. Darüber hinaus kann es weitere Fragestellungen und Aufgaben geben. Für eine angemessene Differenzierung können z.B. unterschiedlich lange oder schwierige Textvorlagen sorgen, Markierungen in Texten, die dabei helfen, Lösungen zu finden oder auch vorbereitete Hilfen, die sich die Lernenden bei Bedarf am Lehrertisch abholen. Sinnvoll sind in jedem Fall sogenannte „Notierhilfen", die beim Strukturieren und im Blick auf die spätere Präsentation unterstützend wirken.

✓ Alle Materialien und Aufgaben sollten eindeutig gekennzeichnet werden (z.B. Thema A, B, C, D / 1, 2, 3, 4).

 Vorbereitung

Die Methode bedarf der inhaltlichen Aufbereitung und der Vorbereitung der Materialien durch den Lehrenden. Hilfreich ist es, einleitend einen ⇨ADVANCE ORGANIZER einzusetzen, der den Lernenden anschaulich die Teilthemen vorstellt und evtl. auch Aspekte der weiteren Arbeit verdeutlicht.

Material

✓ Folie mit dem Ablauf der Methode
✓ Evtl. ein Advance Organizer
✓ Materialien und Aufgabenstellungen für die Expertengruppen, ein-
   deutig gekennzeichnet, evtl. eine Notierhilfe
✓ Evtl. eine zusammenfassende Aufgabe für die Stammgruppe
✓ Zeitmesser und akustisches Signal

Sozialform/en

Einzelarbeit, Gruppenarbeit in wechselnder Zusammensetzung, Plenum

Dauer

Der Umfang des Gesamt- und des Teilthemas wie der Material- und Auf-
gabenfülle bestimmt den Zeitumfang. Mindestens sind für ein gesamtes
Gruppenpuzzle 45 Minuten vorzusehen, sinnvoller ist es jedoch, eine
Doppelstunde einzuplanen.

Geeignete Themen

Hier eignen sich alle Themen des Geschichtsunterrichts, die ...
✓ sich sinnvoll in gleich berechtigte Teilthemen aufteilen lassen. Die
   Gleichrangigkeit bezieht sich sowohl auf den Umfang wie auf die
   Bedeutsamkeit der Teilthemen;
✓ sich für eine parallele Bearbeitung von Teilthemen eignen und folglich nicht auf eine chronologische Bearbeitung angewiesen sind;
✓ Multiperspektivität oder Kontroversität (durch die Untersuchung
   verschiedener Perspektiven) nahelegen.

Beispiele

Thema: *Olympische Spiele (in der Antike)* (vgl. das Beispiel in ⇨AD-
VANCE ORGANIZER)

Expertenthemen:
a) Olympia: Sport und Kult (Wann? Wo?)
b) Sieger, Besiegte und wer noch? (Wer?)
c) Ablauf der Spiele, Sportarten (Wie? Was?)

Thema: *Ständegesellschaft zur Zeit des Absolutismus in Frankreich*

Expertenthemen: Zur Erarbeitung der Expertenthemen erhalten die Lernenden Collagen zu Teilthemen, die jeweils die Ständegesellschaft unter einem bestimmten Schwerpunkt behandeln. Sie enthält Textquellen, Sachtexte, Bildquellen und Rekonstruktionszeichnungen wie auch Grafiken. Eine Notierhilfe fordert auf, Wichtiges festzuhalten.

a) Steuern – wer soll das bezahlen?
b) Kleidung – Spieglein, Spieglein ...
c) Alltag – und was machst du so?
d) Chancen und Grenzen – wie weit kannst du gehen?
e) Ständeverteilung – wer gehört wohin?

Vertiefende Aufgabe für die Stammgruppen (Phase 4):

Erstellt gemeinsam ein Plakat zur französischen Ständegesellschaft. Überlegt und entscheidet, welche Informationen wie in das Plakat einfließen.

Beispiel für eine Notierhilfe (d)

Wie weit kannst du gehen?

Notierhilfe zum Thema d: Chancen und Grenzen

Schon seit dem Mittelalter wurde die französische Gesellschaft in drei Stände unterteilt. Diese Einteilung war also weder eine Erfindung Ludwig XIV. noch eine Besonderheit des Absolutismus. So gehörten auch unter Ludwig XIV. der Klerus (die Geistlichen) zum ersten und der Adel zum zweiten Stand. Die gesamte „übrige" Bevölkerung machte den dritten Stand aus.

AUFGABE: Welche Vorteile und welche Probleme der einzelnen Stände kannst du mithilfe deiner Collage erkennen? Notiere hier die Aspekte, die du für wichtig hältst.

Beispiel für eine Collage (b)

Abb. 6: Beispiel für eine Collage zum Thema „Kleidung und Haarmode zur Zeit des Absolutismus" (Foto: *Birgit Wenzel*)

Chancen und Stärken

Lernende ...

- ✓ übernehmen Verantwortung und können sich in unterschiedlichen Sozialformen mit großer Arbeitsintensität einbringen;
- ✓ üben sich in der Arbeit mit eindeutigen Zeitvorgaben;
- ✓ üben sich in der Präsentation ihrer Ergebnisse und im Narrativieren in einer Kleingruppe, was leichter fällt als das Vortragen vor dem Plenum.

Lehrende ...

- ✓ übernehmen die Rolle der Lernberater/innen. Bei der Unterstützung gilt das Prinzip: So wenig wie möglich, so viel wie notwendig.

Risiken und Schwächen

Lernende ...

- ✓ sind evtl. mit der Einzelarbeit und der Präsentation überfordert. Das kann im Einzelfall auch zu unvollständigen Ergebnissen oder auch zu Fehlern führen. Ausgleichend wirken differenziertes Material, Hilfen in der Erarbeitung, Bildung von Tandems und die sichernde Plenumsphase zum Abschluss;

✓ können durch Unruhe ablenkt werden.

Lehrende ...

✓ sind durch eine aufwändige Vorbereitung und Organisationsgeschick herausgefordert.

 ## Aktivitätsanteile

Aktivitätsanteile der Lernenden

✓ Durchgängig hoch und verantwortungsvoll in der Einzel- wie in den Gruppenarbeitsphasen.

Aktivitätsanteile der Lehrenden

✓ Hoch in der Vorbereitung, begleitend und zurückhaltend in der Durchführung.

 ## Motivation

Motivierend wirken der hohe Aktivitätsanteil und die Herausforderungen, die mit dem „Experte werden" einhergehen.

Auch der Wechsel der Sozialformen und die Vertrauen und Selbstvertrauen fördernde Zusammenarbeit in kleinen Gruppen erwecken Motivation.

 ## Kompetenzbezug

Bedeutsam werden:

Analyse- und Deutungskompetenz,
da mit historischen Quellen und anderen Materialien gearbeitet wird, die aufgabenbasiert analysiert und gedeutet werden;

Selbstkompetenz,
da insbesondere in der individualisierenden Phase der Einzelarbeit das eigenständige Arbeiten, Wissen und Verstehen gefordert und gefördert werden.

Sozialkompetenz,
da in der Stamm- wie der Expertengruppe gemeinsames, abgestimmtes Arbeiten geübt und angewendet wird;

Urteilskompetenz,
vorausgesetzt, die Aufgaben fordern Sach- oder/und Werturteile ein.

Fachdidaktische Prinzipien

Es können, je nach Themenschwerpunkt, alle Prinzipien zur Geltung kommen, besonders bieten sich an:

Exemplarisches Lernen,
da sich jede/r nur mit einem, aber aussagekräftigen und wichtigen Teilaspekt des Themas intensiv beschäftigt;

Multiperspektivität,
wenn durch die Teilthemen unterschiedliche Perspektiven der Menschen in der Vergangenheit bearbeitet werden;

Kontroversität,
wenn durch die Teilthemen jeweils unterschiedliche Geschichtsdeutungen von Expert/innen bearbeitet werden.

Weiterarbeit

Sehr gut möglich mit den ⇨KARTENMETHODEN.

Variation/en

Die Einzelarbeit in der 3. Phase des Gruppenpuzzles kann auch als Hausarbeit vorbereitet werden. Für diesen Fall können sich die Expertengruppen dennoch zum Austausch zusammenfinden (4. Phase) und damit in das Gruppenpuzzle in einer Folgestunde wieder einsteigen.

Weitere Informationen

MATHIS, Christian: Gruppenpuzzle. In: Günther-Arndt, Hilke (Hrsg.): Geschichtsmethodik, Berlin 2007, S. 121-123.

THAL, Jürgen/VORMDOHRE, Karin: Methoden und Entwicklung, Hohengehren 2006, S. 52-54.

Ich sehe so, wie du nicht siehst

 Begriff

Jeder sieht und nimmt wahr, aber anders als andere! Im Vergleich ergeben sich (zum Teil erhebliche) Abweichungen, je nach Persönlichkeit, Prägung oder Gruppenzugehörigkeit. Solchen Unterschieden kommt man mit der Methode auf die Spur.

 Ziel/e

Durch die Umsetzung dieser Methode wird für die Lernenden offensichtlich und erlebbar, dass es in Geschichte (und Gegenwart) unterschiedliche Sichtweisen und Urteile gibt und dass diese auch ihre Berechtigung haben. Multiperspektivität (und Pluralität) werden „erlebbar".

 Beschreibung und Durchführung

Vorbereitung (ca. 10 Min.):

✓ Im Unterricht wird ein historisches Problem, eine Situation, eine Urteilsfrage präsentiert, möglichst (als schriftliche Zusammenfassung) auch visualisiert und die Frage entwickelt, wie damit in der historischen Situation umzugehen ist.

✓ Die Lernenden sammeln Antworten in Form von Vorschlägen, thematisieren u.U. eigenständig, dass es auf die Perspektive ankommt. (Diese Erkenntnis wird hier jedoch nicht von der Lehrkraft vorgegeben!)

✓ Die Lehrkraft stellt eine „Lösung" zurück und kündigt die Methode „Ich sehe so, wie du nicht siehst" an.

Durchführung (ca. 20-35 Min.):

1. Die Lerngruppe wird in Kleingruppen (zwei bis vier Lernende) aufgeteilt. Die Gruppen erhalten jeweils eine Rollenkarte, die Angaben zu einer (fiktiven) Person aus dem historischen Zusammenhang und damit zu einer spezifischen Perspektive macht. Je nach Gruppengröße und Anzahl der zur Verfügung stehenden Perspektiven können Rollenkarten auch doppelt vergeben werden. Die Anzahl der unterschiedlichen Rollenkarten richtet sich

   a) nach den durch das historische Material zur Verfügung stehenden Perspektiven und

   b) nach einer für die Lerngruppe angemessenen Komplexität.

122

2. Die Kleingruppe liest die Informationen auf der Rollenkarte und überlegt, wie „ihre" Person zu dem zu Beginn vorgestellten Konflikt, zu der Situation, der Urteilsfrage stehen wird/welche Sicht der Dinge sie haben wird/wie sie handeln oder urteilen wird. Die Gruppe fertigt Notizen hierzu an und entscheidet, wer die Gruppe und damit die Person im anschließenden Plenum vertritt.

3. Die Lehrkraft kündigt an, dass das Problem/die Situation/die Urteilsfrage jetzt aus der Sicht verschiedener Beteiligter betrachtet werden soll und fordert die Gruppen nacheinander auf, ihre Position vorzustellen. Dabei gibt es zwei mögliche Vorgehensweisen:

   a) Die Gruppe stellt nicht nur ihre Perspektive, sondern auch ihre Person vor (einfachere Variante). Da vermutlich Rollenkarten zweimal vergeben worden sind, werden die anderen Gruppen zu Ergänzungen aufgefordert. Hier kann es zu der „spannenden" Situation kommen, dass Gruppen mit gleichen Rollenkarte unterschiedliche Positionen einnehmen. Hierzu kann es kommen, wenn die Rollenkarten keine Deutung vorgeben.

   b) Die Gruppe stellt die Perspektive vor, ohne Angaben zur Person zu machen. Hier sind die Rollenkarten durchnummeriert. Auch hier werden die Gruppen, die parallel gearbeitet haben (gleiche Nummer), zu Ergänzungen aufgefordert. In diesem Fall wird den übrigen Gruppen aufgetragen, im Anschluss Vermutungen über die hinter der Argumentation stehende Person (ihren Stand, ihren Beruf, ihre Gruppenzugehörigkeit etc.) anzustellen.

4. Die Lernenden werden zu einer persönlichen, begründenden Stellungnahme zu dem Problem/der Situation/der Urteilsfrage aufgefordert (Werturteil).

5. In einem Tafelbild werden die unterschiedlichen Positionen mit ihren jeweiligen Perspektiven stichpunktartig in einem Tafelbild zusammengefasst.

6. Die Ergebnisse werden diskutiert. Dabei sind folgende Aspekte bedeutsam:

   ✓ Es gab nicht „eine" Sicht in der Geschichte, sondern multiperspektivische Betrachtungen.

   ✓ Die jeweiligen Perspektiven haben nachvollziehbare Ursachen (wie z.B. die Zugehörigkeit zu bestimmten Gruppen).

   ✓ Nicht alle Perspektiven hatten in der Vergangenheit gleiche Chancen, sich durchzusetzen.

   ✓ Von den historischen Perspektiven zu unterscheiden sind unsere heutigen Sichtweisen, Urteile und Prägungen, die wiederum, je nach Standort, unterschiedlich sein können und begründet werden müssen (Pluralität).

✓ Rückgriff auf die Vorbereitung: Gibt es eine „Lösung" für das Problem/die Situation/die Urteilsfrage?

✓ Kommentierung und Einschätzung der Methode und ihres „Namens".

 ## Hinweise

✓ Bei der Vergabe der Rollenkarten sollte darauf geachtet werden, dass den Lernenden weder eine extreme Opferrolle (z.B. von der Ermordung bedrohte Juden, Vergewaltigungsopfer usw.) noch extreme Täterrollen (z.B. Massenmörder, KZ-Wärter/innen usw.) zugemutet wird. Ein gewisses Maß an Identifikation mit der Rollenkarte ist beabsichtigt, tritt in der Regel auch ein und wäre für solche Fälle keinesfalls anzustreben!

✓ Für eine gründlichere Vorbereitung können die Lernenden auf (vorhandenes) Unterrichtsmaterial zurückgreifen, um Argumentationen z.B. durch Quellenmaterial vorzubereiten. Es kann auch gezielt zusätzliches Material für die Vorbereitung ausgegeben werden.

 ## Vorbereitung

Abgesehen von der direkten Vorbereitung (vgl. ①) sollten die Lernenden mit dem historischen Kontext des Problems, der Situation, vertraut sein.

 ## Material

✓ Problem- bzw. Situationsbeschreibung bzw. Urteilsfrage
✓ Vorbereitete Rollenkarten
✓ Evtl. vorbereitetes Tafelbild (auch als Folie möglich)

Sozialform/en

Kleingruppen- und Plenumsarbeit

Dauer

Ca. 30-45 Minuten

Geeignete Themen

✓ Historische Probleme bzw. Konflikte, für die unterschiedliche Perspektiven nachweisbar sind.
✓ (Offene) historische Situationen, die unterschiedliche Meinungen und Sichtweisen provoziert haben.
✓ Urteilsfragen, die eine spezifische Stellungnahme einfordern.

Beispiele

Thema: *Ende des Zweiten Weltkriegs: Der 8. Mai 1945 – Tag der Niederlage oder Tag der Befreiung?* (Urteilsfrage)

Anregungen zu möglichen Rollenkarten:

Du bist ein **Soldat der Wehrmacht**. Du bist jetzt 40 Jahre alt und warst von Beginn des Krieges an dabei. Du hast in all den Jahren nach deinem Gefühl unendlich viele Menschen sterben sehen, auch viele Soldaten, die deine Freunde waren. Dreimal bist du verletzt worden, aber nie schwer, sodass du immer wieder zurück an die Front gekommen bist.

Du bist eine **Arbeiterin**, 38 Jahre alt, Mutter von zwei Kindern und Ehefrau eines Soldaten, von dem du nicht weißt, wo er sich gerade befindet und ob er noch lebt. Seit Monaten ist keine Feldpost mehr gekommen. Die Fabrik, in der du arbeitest, stellte in den letzten zwei Jahren Munition für den Krieg her. Das Haus, in dem ihr lebt, wurde nicht von Bomben getroffen, aber eine weitere ausgebombte Familie ist in eure Wohnung eingezogen.

Du bist **NSDAP-Mitglied**, 19 Jahre alt, und im Nationalsozialismus aufgewachsen. Zu Hause, in der Schule,
im BDM, im Radio, eigentlich überall, hast du es gehört und geglaubt: Hitler ist der gute Führer, der für
Deutschland das Richtige will und tut. Feinde sind für
dich alle, die etwas anderes behaupten und die schlecht
über Hitler sprechen und urteilen. Alle in deiner Familie und auch deine Freunde denken so. Dein Vater
und ein Bruder sind im Krieg gefallen.

Du bist **Jüdin**, 17 Jahre alt, wurdest in München (Berlin
...) geboren und hast dort gelebt, bis deine Eltern dafür gesorgt haben, dass du Deutschland verlässt. Seit
10 Jahren lebst du mit deiner jüngeren Schwester bei
Verwandten in Amerika. Der Kontakt zu deinen Eltern
und Großeltern ist seit Jahren abgebrochen, du kannst
dich kaum noch erinnern, wie sie aussahen. Alles, was
mit Deutschland und dem Krieg zusammenhängt, hast
du aufmerksam, vor allem in Zeitungen, verfolgt.

Thema: *Ein Glaubensstreit (zur Zeit der Reformation) eskaliert – Wie
soll es weitergehen? Was denken und hoffen die Menschen?* (Problem/
Konflikt, zugleich offene Situation)

Möglichen Rollenkarten:

✓   Ein Student Luthers
✓   ein/e Anhänger/in von Thomas Müntzer
✓   ein Novize/eine Nonne im Kloster
✓   der Sohn/die Tochter eines evangelischen/katholischen Fürsten
✓   ein/e Pilger/in, dem/der es nach einer Wallfahrt gesundheitlich
    viel besser geht
✓   ein armer Witwer/eine arme Witwe, die ihren letzten Notgroschen
    für einen Ablassbrief für den verstorbenen Ehepartner ausgegeben
    haben, ...

Chancen und Stärken

Lernende ...

✓ können sich in ein konkretes Problem/eine konkrete Situation/ eine zugespitzte Urteilsfrage eindenken und sich in Empathie und Fremdverstehen üben;

✓ üben sich darin, unterschiedliche, aber nicht beliebige Perspektiven wahr- und ernst zu nehmen sowie sie vorzustellen.

Lehrende ...

✓ können mit Hilfe der Methode Multiperspektivität und Pluralität für die Lernenden plausibel und erlebbar gestalten und mit ihnen reflektieren.

Risiken und Schwächen

Lernende ...

✓ müssen sich u.U. mit einer ihnen fremden oder von ihnen abgelehnten Perspektive auseinandersetzen und entwickeln evtl. Widerstände.

Lehrende ...

✓ haben, wenn sie viele verschiedene Perspektiven für die Rollenkarten vorbereiten, einen hohen Aufwand an Vorbereitung.

Aktivitätsanteile

Aktivitätsanteile der Lernenden

✓ Sich individuell eindenkend und -fühlend in die Ausgangssituation und sich aktiv im Team einbringend durch das Nachdenken über die Rollenbeschreibung.

✓ Sich aktiv oder beobachtend im Vortrag der Positionen einbringend, mitdiskutierend in der Auswertung.

Aktivitätsanteile der Lehrenden

✓ Hoch in der Vorbereitung (Erstellung der Rollenkarten), sich zurückhaltend und lediglich moderierend im Vortrag der Positionen durch die Lernenden sowie moderierend in der Abschlussdiskussion.

Motivation

Der Motivationscharakter liegt darin, sich mit einer konkreten Sichtweise für eine historische Situation auseinandersetzen und mit Einfühlungsvermögen gemeinsam Argumente entwickeln zu können.

 ## Kompetenzbezug

Geübt werden:

Deutungskompetenz
durch das Argumentieren aus einer vorgegebenen Position heraus;

Selbstkompetenz
durch die eigenständige Verarbeitung von Geschichte und die bewusste
Auseinandersetzung auch mit einem eigenen Standpunkt (Auswertung);

Sozialkompetenz
durch die gemeinsame Absprache und Diskussion in der Kleingruppe;

Urteilskompetenz
durch eine urteilende Stellungnahme, die sich im Sachurteil (auf der historischen Ebene) und im Werturteil (auf der gegenwärtigen) Ebene übt.

 ## Fachdidaktische Prinzipien

Bedeutsam werden:

Handlungsorientierung,
da die Lernenden durch das Argumentieren aus einer historischen Perspektive heraus kommunikativ-handelnd auftreten;

Kontroversität
durch die vor Augen geführten, unterschiedlichen und begründeten
Perspektiven, die die Lernenden vertreten sowie durch die auswertende
Abschlussdiskussion;

Multiperspektivität,
wenn es um eine Umsetzung auf der Ebene der Nachgeborenen und
Expert/innen geht;

Pluralität
durch die eingeforderte persönliche Stellungnahme der Lernenden aus
gegenwärtiger Sicht und die hierdurch zum Tragen kommenden plura-
len Sichtweisen;

Problemorientierung
durch die Konzentration auf eine historische Problemsituation.

Weiterarbeit

Je nach Ausgangslage kann der Fortgang der historischen Situation untersucht werden. Evtl. können Historiker/innen oder Zeitzeug/innen
nach ihren Deutungen befragt werden.

Variation/en

✓ Siehe ①, 3a) und 3b)
✓ Eine weitere, anspruchsvolle Variante wäre, den Lernenden kontroverse Deutungen anhand von Materialien an die Hand zu geben
  (Texte von Historiker/innen, Zeitungsartikel etc.). Anhand dieser
  Quellen bereiten sie sich auf eine kontroverse Diskussion vor.
✓ Anspruchsvoll, aber reizvoll ist auch die Variante, mit den Lernenden gemeinsam ein Spektrum von Personen, für die Rollenkarten
  entwickelt werden sollen, zu entfalten. In Partnerarbeit schreiben
  die Lernenden die Karten und stellen sie sich gegenseitig vor. Hier
  kommt es darauf an, die Rollen plausibel und überzeugend zu
  gestalten.
✓ Möglich wäre auch, die Personen und ihre Perspektiven nicht nur
  vorzustellen, sondern sie in einem Streitgespräch miteinander über
  die Fragestellung diskutieren zu lassen.

Weitere Informationen

Basierend auf Unterrichts- und/oder Seminarerfahrungen.

(Fiktives) Interview

 Begriff

In einem Interview werden einer Person in einem bestimmten Kontext Fragen gestellt, die sie beantwortet. Die befragte Person wird einem dabei „bekannt" und der Befragungszusammenhang deutlich. Fiktiv ist das hier vorgestellte Interview insofern, als Gesprächspartner/innen, die über die Geschichte auskunftsfähig sind – abgesehen von Ausnahmen aus der Zeitgeschichte – nicht mehr befragt werden können. Daher schlüpft hier die Lehrperson in die historische Rolle, um stellvertretend ein Interview zu geben.

 Ziel/e

Lernende begegnen Menschen in historischen Kontexten, um ihnen ihre persönlichen Fragen zu stellen. Durch die direkte Rede- und Antwortsituation gewinnt die Person, vor allem aber der historische Kontext, an Gestalt und Konkretion. Das Verständnis der Lernenden für die verhandelten Themen entwickelt sich durch den Dialog, Geschichte wird am Beispiel konkret, vorstellbar und hinterfragbar. Vor allem dient diese Methode dazu, die aktive Fragehaltung der Lernenden zu intensivieren und sie zu einem persönlich engagierten sowie zu einem reflexiven Zugang zu historischen Themen zu motivieren.

 Beschreibung und Durchführung

1. **Das Interview wird vorbereitet,**

   indem ein „Gast aus der Geschichte" angekündigt wird. Das Themengebiet, zu dem der Gast befragt werden soll, wird definiert.

✓ Die Klasse bereitet gemeinsam im Unterricht oder auch als Hausaufgabe Fragen an den Gast vor. Dazu wird das Thema am besten nochmals in sinnvolle Teilbereiche aufgegliedert, um den Lernenden Hinweise für mögliche Fragestellungen zu geben.

✓ Um ins Fragen zu kommen, können einige Grundinformationen zur Thematik, z.B. durch Bildimpulse, hilfreich sein.

✓ Bevor in Einzel- oder Partnerarbeit Fragen überlegt und aufgeschrieben werden, kann man gemeinsam wenige Beispiele erarbeiten.

✓ Die Lehrkraft bereitet sich gründlich auf ihre Rolle und den historischen Kontext vor. Hierzu gehören auch Überlegungen für wenige, aber passende Requisiten für die Rolle. Je nach Vertrautheit mit dem Themengebiet kann man die Fragen vor der Interviewsituation sichten, um sich entsprechend vorzubereiten, oder auch spontan antworten.

✓ Für den Ablauf des Interviews sollte es Verabredungen geben, z.B. darüber, wer die Begrüßung, wer die Gesprächsmoderation und wer die Verabschiedung übernehmen wird. Evtl. wird auch ein Modus zum Festhalten der Antworten beim Interview verabredet oder vorab geklärt, wie das Interview ausgewertet werden soll.

2. Das Interview wird durchgeführt

✓ Am Interviewtag werden, bevor die Lehrperson die Klasse verlässt, um den Gast „abzuholen", notwendige Regeln verabredet. Umfang und Art orientieren sich an der Lerngruppe (Alter, Vorerfahrungen, Disziplin etc.).

✓ Über die Vorbereitung hinaus sollten auch spontane, sich in der Interviewsituation ergebende Interessen und Fragen erwünscht sein und dies zuvor geklärt werden.

✓ Der Gast kommt in den Raum zurück und bedauert, dass „die Verabredung mit eurer Lehrerin" nicht geklappt hat. Er gibt als Interviewpartner/in der Gruppe altersangemessen zu verstehen, dass man gemeinsam klar kommen wird und er sich auf viele neugierige Fragen freut.

✓ Der Gast kann zum Auftakt zunächst über sich, evtl. seinen Stand, seinen Beruf etc. erzählen, ohne zu viel vorwegzunehmen.

✓ Während der Befragung ist die Rolle unbedingt einzuhalten! Übliche Ermahnungen, das namentliche Aufrufen etc. fallen also weg. Innerhalb der Rolle kann jedoch ein Feedback gegeben werden. (Mir fällt auf, dass überwiegend Jungen/Mädchen Fragen stellen! ...)

✓ Für die Befragung bietet sich ein Zeitrahmen von ca. 10 bis 25 Minuten an – je nach Frageinteresse der Gruppe, Atmosphäre des Interviews und Intensität des Themenzusammenhangs.

✓ Um die Rolle zu „verlassen", verabschiedet sich der Gast, noch in seiner Rolle, um kurz darauf als gewohnte Lehrperson („Leider habe ich unseren Gast verpasst, erzählt doch mal!") wieder zurückzukehren.

3. **Das Interview wird ausgewertet**

Hierzu bieten sich, je nach Alter der Lernenden und je nach Thema, variable Möglichkeiten an. Folgende Schritte sollten in jedem Fall berücksichtigt werden:

✓ Die Lernenden werden nach ihren Eindrücken des Interviews befragt, es ergibt sich ein erstes Feedback.

✓ Der wichtige Aspekt der Perspektivität ist zu thematisieren. Die Lernenden reflektieren hier, dass jegliche Narration über die Geschichte mit Perspektiven und dass jedes persönliche Berichten mit der individuellen Sicht verknüpft ist. In der Befragungssituation werden die Antworten häufig nicht nur mit Sach-, sondern auch mit Werturteilen verknüpft sein, nicht etwa eine Schwäche der Methode, sondern durchaus eine Stärke, wenn sie denn als solche benannt, eingeordnet und in der Diskussion verhandelt wird.

✓ Weiterhin sollten die Vor- und Nachteile der Methode benannt werden. Was kann man in einem Interview lernen? Was ist das Besondere an dieser Situation? Wo liegen die Grenzen?

✓ Dies kann auch zu Vorschlägen seitens der Lerngruppe für die Sicherung, die Aufarbeitung, die Überprüfung der Informationen, die Gegenüberstellung mit anderen Aussagen etc. führen (vgl.).

 Hinweise

✓ Die Beziehung zwischen Lehrkraft und Lerngruppe sollte gefestigt sein, denn hier ist man auf eine vertrauensvolle Atmosphäre angewiesen. Dann allerdings kann die Methode sehr erfolgreich sein, und die Lernenden wünschen wieder einen Gast zu empfangen und zu befragen.

✓ Die Rolle des Gastes sollte nicht die einer bestimmten oder berühmten Persönlichkeit sein. Die Lernenden stellen spezifische und persönliche Fragen, die u.U. nicht zu beantworten sind und zu unnötigen Problemen führen. Statt also die direkte Rolle von Kleopatra, Mohammed, Olympe de Gouges oder Leo Trotzki zu wählen, bietet es sich vielmehr an, sich als deren Zeitgenossin oder Zeitgenosse befragen zu lassen.

✓ Es ist ergiebig, „Geschichte von unten", also die Geschichte der „kleinen" Leute sowie Alltagsgeschichte zu thematisieren, um Lebenswelten und historische Zusammenhänge für den Unterricht zu erschließen, die durch die Quellenlage meist zu kurz kommen.

✓ Mit den Schülerinnen und Schülern sollte ein überschaubares Themengebiet verabredet werden, wie dies auch in anderen Interviewsituationen für die Oral History üblich ist. Auch durch die Bekanntgabe, wer zu Besuch kommen wird, ist das Thema der Befragung eingegrenzt und definiert, wenn z.B. ein Augenzeuge von ..., eine Anhängerin, eine Gegnerin von ..., eine Bürgersfrau aus ... etc. angekündigt wird.

✓ Man muss und kann in seiner Rolle nicht alles wissen! Gestellte Fragen können auch als „außerhalb des eigenen Erfahrungshorizonts" stehen bleiben. Fragen zur persönlichen Biografie kann man, stellt man keine Berühmtheit dar, in der Regel assoziativ beantworten. Schließlich: Auch gut informierte Zeitzeugen wissen nicht alles über ihre Zeit oder über ihre prominenten Zeitgenossen.

Vorbereitung

Lernende ...

✓ machen sich mit dem Kontext der Interviewsituation vertraut und überlegen, was sie interessiert; sie bereiten Fragen an den Gast vor.

Lehrende ...

✓ suchen eine geeignete Person aus (vgl. ☞), sie sollte dem eigenen Geschlecht entsprechen, um nicht zusätzliche Hürden (über das Schlüpfen in eine fremde Rolle hinaus) aufzubauen und um die Glaubwürdigkeit zu unterstützen;

✓ bereiten sich gründlich auf den historischen Kontext, für die die Person beispielhaft steht, vor und überlegen, mit welchen individuellen Merkmalen sie die Person ausstatten wollen. Ziel ist es, die Rolle möglichst glaubwürdig und authentisch auszufüllen und auch deren Perspektivität zu verdeutlichen. Hierfür muss auch bedacht werden, wie eine Person spricht (z.B. in kurzen Sätzen und ohne Fremdwörter). Zusätzliche Gestik und Mimik können, traut man sie sich zu, hilfreich sein;

✓ suchen wenige, aber geeignete Requisiten aus. Diese können z.B. aus einem Kleidungsstück, einer Kopfbedeckung oder anderen Accessoires, je nach Rolle, bestehen. „Vollständige" Verkleidung ist zu vermeiden, der Versuch führt eher zur Lächerlichkeit;

✓ bringen, falls möglich, ein haptisches Medium, ein Utensil aus dem Lebenszusammenhang des Gastes mit, der auch gezeigt und thematisiert werden kann.

Material

✓ Fragen, von den Lernenden entwickelt
✓ Wenige Requisiten/Verkleidung für die Gastrolle
✓ Evtl. zusätzliches Anschauungsmaterial
✓ Evtl. Material zur Auswertung und weiteren Arbeit (vgl.🖙)

 ## Sozialform/en

Einzel- oder Partnerarbeit (in der Erarbeitung der Fragen), Gespräch im Plenum (in der Interviewsituation selbst)

 ## Dauer

Ca. 10 bis 25 Minuten, je nach Frageinteresse der Gruppe und Intensität des Themenzusammenhangs

 ## Geeignete Themen

Als Hintergrund für die Rollen bieten sich alle Epochen und vor allem Alltagsgeschichte an sowie solche Themenzusammenhänge, die sich gut durch Menschen und ihre Erlebnisse, Schicksale oder Beobachtungen repräsentieren lassen.

 ## Beispiele

✓ Thema: *Jagdmethoden der Steinzeit*; Rolle: *Jäger/in*
✓ Thema: *Streik in der Fabrik (19. Jh.)*; Rolle: *Arbeiter/in*
✓ Thema: *Wohn- oder Arbeitssituationen während der Industrialisierung*; Rolle: *Schlafgänger, Schichtarbeiter, Arbeiterin und Mutter, Dienstmädchen*

 ## Chancen und Stärken

Lernende ...

✓ stellen ihre individuellen (vorbereiteten) Fragen an den Besuch aus der Geschichte, d.h. an eine bestimmte Zeit und hier an z.B. eine soziale Schicht, einen Beruf, einen Erfahrungshintergrund – eine spezifische Perspektive also;

✓ gewinnen durch die Interviewsituation nicht nur Informationen, sondern erhalten auch emotionale Eindrücke;

✓ setzen sich mit Lebensentwürfen, Handlungsweisen, Normen und Werten diskursiv auseinander, die ihnen fremd sind;

✓ üben sich in Empathie für eine Person und deren Schicksal, indem sie eine fremde Perspektive wahrnehmen und diese respektieren;

✓ kommen einem fremden und entfernten Ausschnitt der Geschichte durch die Gesprächssituation näher, überwinden Distanzen und Berührungsängste, entdecken eigene Interessen.

Lehrende ...

✓ erhalten Einblicke in die Fragen und Interessen der Lernenden;

✓ setzen sich selbst neu und intensiv mit Geschichte auseinander.

Risiken und Schwächen

Lernende ...

✓ akzeptieren unter Umständen nicht den Rollentausch der Lehrkraft und suchen dann die Situation zu kippen.

Lehrende ...

✓ sind stark durch den Rollentausch gefordert und sollten mit einer ihnen nahe liegenden Rolle, die Vertrautes beinhaltet, in die Methode einsteigen.

Aktivitätsanteile

Aktivitätsanteile der Lernenden

✓ Hoch während der Erarbeitung der Fragen.

✓ Rezipierend, aber auch aktiv zuhörend und sich durch die Fragen einbringend während des Interviews.

Aktivitätsanteile der Lehrenden

✓ Hoch in der Vorbereitung wie auch in der Durchführung.

Motivation

Der Motivationscharakter liegt in der Ausnahmesituation, dass Lehrende und Lernende sich auf eine zwar künstliche, aber sehr anregende

Situation einlassen, die Spielcharakter hat und von Lebendigkeit und Unmittelbarkeit gekennzeichnet ist.

 ## Kompetenzbezug

Die Kompetenzen, die die Lernenden mit dem Interview stärken können:

Analysekompetenz
durch die Auswertung des Interviews und den sich anschließenden Vergleich der Aussagen des Gasts mit anderen Quellen und Materialien;

Deutungskompetenz,
indem die Person in ihrem historischen Kontext erforscht und interpretiert wird;

Selbst- und Sozialkompetenz
durch das eigenständige Entwickeln von Fragen und ein angemessenes Verhalten in der Interviewsituation;

Urteils- und Orientierungskompetenz
durch die dialogische Anlage, die die Lernenden zu Vergleichen zwischen Geschichte und Gegenwart herausfordert.

 ## Fachdidaktische Prinzipien

Im Blick auf die Prinzipien kommen zum Tragen:

Exemplarisches Lernen
durch die Auswahl konkreter, beispielhafter und anregender Personen und Lebensweltbezüge;

Forschend-entdeckendes Lernen,
durch die fragengeleitete Situation, in der die Lernenden die Erfahrung machen können, dass die Qualität ihrer Fragen auch Einfluss auf die Ergiebigkeit der Erkenntnisse hat;

Gegenwartsbezug,
durch die bewusste gegenwärtige Perspektive, aus der heraus Fragen gestellt und Bezüge geknüpft werden, die einen reflexiven Bezug zur Geschichte evozieren;

Multiperspektivität,
durch die Bewusstmachung von Perspektivität in der Auswertung und durch die weitere Arbeit, in der gezielt andere Perspektiven wahrgenommen und ggf. entgegengesetzt werden;

Schülerorientierung
durch die Forcierung, eigene Interessen und Fragen ins Spiel zu bringen.

Weiterarbeit

✓ Im Unterrichtsgespräch wird eine Mind Map, ein Strukturbild zu den wichtigsten Ergebnissen gestaltet.

✓ Die Lernenden verfassen einen Erfahrungsbericht oder beschreiben die Perspektive des Interviewpartners mit veranschaulichenden Beispielen.

✓ Ein Lückentext über die gewonnenen Informationen wird ausgefüllt oder Fragen, ähnlich denen im Interview, werden vorgegebenen Antworten in Text und Bild zugeordnet. (Das wird möglich, wenn die Fragen vorher eingesammelt und gesichtet wurden.)

✓ Die Lernenden dokumentieren eine verabredete Anzahl von gestellten Fragen und ihren Antworten.

✓ Es erfolgt eine Überprüfung bzw. eine Erweiterung der Interviewaussagen anhand weiterer Materialien und Quellen. Dabei kommt eine Ergänzung bzw. Kontrastierung mit anderen Positionen im Sinne der Multiperspektivität zur Geltung.

Variation/en

Als Variation ist denkbar, dass ein Kollege, eine Kollegin als Gast aus der Geschichte fungiert. So kann der Lehrende in seiner Lehrerrolle bleiben. Denkbar ist auch, dass sich Lernende, unterstützt durch die Lehrkraft, zutrauen, in die Rolle eines Kindes, eines Jugendlichen zu schlüpfen und sich den Fragen der Lerngruppe zu stellen.

Weitere Informationen

WENZEL, Birgit: Das fiktive Interview. In: Günther-Arndt, Hilke (Hrsg.): Geschichtsmethodik, Berlin 2007, S. 256-259.

Kartenmethoden

 Begriff

Kartenmethoden arbeiten mit Begriffskarten und ermöglichen individuelles wie auch kooperatives Lernen in verschiedenen Varianten.

 Ziel/e

Die Kartenmethoden sind Bestandteil des selbstorganisierten Lernens (SOL) und zielen insofern auch auf ein weitgehend lehrerunabhängiges Lernen ab. Mit Hilfe der verschiedenen Kartenmethoden kann Begriffswissen in vielen Varianten erarbeitet, gesichert, wiederholt, präsentiert, visualisiert und schließlich strukturiert und überprüft werden. Dabei sollen sowohl subjektive Lernstrategien wie auch kooperative Verfahren geübt und gefestigt und deren jeweilige Stärken für die Lernenden bewusst werden.

 Beschreibung und Durchführung

Für alle Kartenmethoden können die gleichen Karten Verwendung finden. Etwa 25 bis max. 50 Karten mit Fachbegriffen zu einem historischen Thema bilden die Grundlage. Für den Anfang oder mit jüngeren Lernenden kann man auch mit 15 bis 25 Begriffskarten arbeiten.

Die Begriffskarten können auf verschiedene Weise entstehen, z.B.:

✓ Die Lehrkraft gibt sie fertig beschrieben (schon geschnitten in Umschlägen oder noch durch die Lernenden zu zerschneiden als DIN-A4-Bogen) aus.

✓ Die Lernenden erstellen sie selbst, indem sie die Begriffe von einer zentralen Vorlage abschreiben (höherer Zeitbedarf!).

✓ In jeder Stunde werden die Begriffe für die Kärtchen „nebenher" im Unterrichtsgespräch festgelegt und beispielsweise an einer Seitentafel festgehalten und von den Lernenden jeweils in ihre Kartensammlung übernommen.

Die jeweiligen zur Anwendung gelangenden Kartenmethoden sollten mit einem „Namen" gekennzeichnet werden, damit sie für die Lernenden einen Wiedererkennungswert haben. Mit der Benennung der Kartenmethode können das methodische Vorgehen schnell verknüpft und lang wiederholende Erklärungen vermieden werden.

Alle Kartenmethoden eignen sich gut für Dreiergruppen, die für die Anwendung der Methoden fest oder auch immer wieder neu gebildet werden können.

a) Erklären

1. Die Rückseiten der Begriffskärtchen werden mit einer kurzen Definition oder Erklärung beschriftet. Dies kann in verschiedenen Varianten erfolgen:
   - gemeinsam im Plenum; kleine Teams können vorher beauftragt werden, die Patenschaft für bestimmte Begriffe zu übernehmen und Vorschläge vorzubereiten und einzubringen;
   - individuell mit Hilfsmitteln wie dem Buch;
   - arbeitsteilig in Partnerarbeit oder in Kleingruppen von drei bis vier Lernenden.

   Achtung, die Korrektheit der Einträge auf den Karten muss gewährleistet werden!

2. Tandems oder Dreierteams arbeiten gemeinsam mit einem Kartenstapel. Eine Karte wird gezogen, und der Begriff wird vorgelesen. Abwechselnd geben die Teilnehmenden eine Begriffserklärung, die von dem/den anderen überprüft wird. Richtig erklärte Begriffe werden beiseite gelegt, falsch oder unvollständig erklärte kommen wieder in den Stapel. Der Durchgang ist beendet, wenn alle Begriffe beiseite liegen.

b) Sortieren

1. Jede/r erhält individuell die Aufgabe, seinen Kartensatz (ohne Erklärungen auf der Rückseite) in zwei Stapel zu sortieren, nämlich in „Kenne ich, könnte ich erklären" und in „Kenne ich noch nicht/gar nicht, kann ich nicht erklären".

2. Die Lernenden bilden Dreiergruppen, in denen sie abwechselnd die Begriffe des Stapels „kenne ich noch nicht" einbringen, um sie sich gegenseitig zu erklären. Bleiben Begriffe für alle unklar oder gibt es Meinungsverschiedenheiten über „richtige" Erklärungen, werden diese Kärtchen für den nächsten Schritt beiseitegelegt.

3. Im Plenum werden die letzten Unklarheiten bearbeitet.

c) Dreiergespräch

1. Der Lehrende gibt ein Zeitlimit vor und erinnert zwischendurch an die verbleibende Zeit.

2. Alle Begriffe (eines Kartensatzes) werden in einer Dreiergruppe nebeneinander auf den Tisch gelegt. Es kann sich sowohl um die reinen Begriffskarten als auch um den Kartensatz handeln, der unter „a) Erklären" beschrieben wurde (S. 139). Abwechselnd darf jede/r eine Karte mit einem Begriff wählen, den er/sie meint gut zu kennen, um ihn dann den anderen zu erklären.

3. Abwechselnd werden die Begriffe vorgestellt und kurz und knapp erklärt. Die beiden anderen sorgen jeweils für Ergänzung oder Korrektur, falls notwendig. Der Durchgang ist beendet, wenn alle Begriffe behandelt worden sind bzw. die Zeit abgelaufen ist.

4. Nur bei nicht zu lösenden Problemen wird die Lehrkraft zu Hilfe gerufen.

d) Präsentieren

1. Ein Kartensatz mit den Erklärungen auf der Rückseite (a) Erklären, S. 139) wird an einer (Pin-)Wand oder an den Fenstern befestigt.

2. Die Lernenden gehen für einen kurzen Zeitraum an den Karten entlang, lesen (in der Erklärung) nach, was sie nicht (mehr) wissen und nehmen auf ein Signal hin wieder Platz.

3. Die Lehrkraft wählt nach und nach einige Begriffe aus, die Freiwillige oder ausgewählte Lernende im Plenum durch einen Kurzvortrag erläutern.

e) Abgeordneter

1. Die Lernenden erhalten Karten (in Umschlägen) oder nutzen ihren eigenen Kartensatz.

2. Jede/r schaut sich die Begriffe an und legt sie in einer für ihn/sie individuell sinnvollen Anordnung aus. Dabei können sie auch auf Papier gelegt und/oder später auch aufgeklebt werden. Eine Vernetzung durch Pfeile oder andere Symbole, die Ergänzung von Kästen, Überschriften oder zusätzlichen „eigenen" Begriffen kann ergänzend verabredet werden.

3. Alle dürfen im Klassenraum umhergehen und sich andere Strukturen anschauen. Dabei zeigt und begründet jede/r mindestens einmal seine/ihre Struktur einem Partner, einer Partnerin und lässt sich umgekehrt mindestens eine andere Struktur erläutern.

4. Im Metagespräch wird die Arbeitsform gemeinsam ausgewertet.
   – Achtung, es ist wichtig, die unterschiedlichen Strukturen zu akzeptieren und nicht in „bessere" und „schlechtere" oder „richtige" und „falsche" zu sortieren.

- Die Lehrenden halten sich beim Legen der Strukturen völlig zurück, weil es gerade um die Entwicklung einer individuellen Struktur und Ordnung geht. Sie können nachfragen (Wie kommst du darauf?) und beobachten.

f) Strukturlegen

1. Die Lernenden setzen sich in Dreiergruppen zusammen, ein Kartensatz liegt auf einem Tisch aus oder ist an einer Wand befestigt.
2. Die Lehrkraft oder nach und nach die Dreiergruppen wählen einen Begriff aus. Abwechselnd sind die Teams mit der Erklärung des Begriffs dran, wobei sie jeweils einen Abgeordneten aussuchen können, der den Begriff stellvertretend im Plenum erläutert. Diese Variante kann auch als Wettbewerb mit der Vergabe von Punkten für die Teams verknüpft werden.

g) Test

In einem Test wird die Kenntnis der Begriffe und die Fähigkeit, sie richtig erläutern zu können, überprüft und bewertet. Hierfür wird entweder von der Lehrperson eine bestimmte Auswahl der Begriffe getroffen oder die Lernenden können aus vorgegebenen eine bestimmte Anzahl (z.B. 10 von 15) auswählen. Dabei kann es die Verabredung geben, dass jede/r einmal in eine Erklärung (bei den zentral ausliegenden oder aushängenden Karten) hineinschauen darf.

Hinweise

✓ Es ist zu entscheiden, wie die Teambildung gestaltet werden soll, z.B.:
  - nach Sympathie und schülergelenkt (das ermöglicht in der Regel ein reibungsloses Arbeiten);
  - gelenkt und nach Vorgaben, sodass z.B. Lernstarke und Lernschwächere gemischt werden;
  - durch Zufall (um immer neue Durchmischungen zu erreichen).
✓ Es ist hilfreich bei allen Kartenmethoden mit Zeitvorgaben zu arbeiten und diese, mit dem Lehrenden als Zeitwächter, einzuhalten.
✓ Jede Kartenmethode sollte mit den Lernenden gemeinsam im Blick auf ihre Stärken ausgewertet werden und die Lernenden sollten persönliche Lern- und Wiederholungsstrategien hieraus entwickeln und vorstellen.

✓ Einen sinnvollen, vernetzenden Abschluss für alle Kartenmethoden (vor einem Test) bildet das Strukturlegen (f) auf S. 141).

✓ Wird über einen längeren Zeitraum und bei mehreren Themen mit
den Karten gearbeitet, so bietet es sich an, mit unterschiedlichen
Farben zu arbeiten, z.B. mit wechselnden Farben je nach Inhaltsbereich oder mit bestimmten Farben für Begriffe, die längerfristig
im Einsatz bleiben sollen, oder mit unterschiedlichen Farben für
definierte Bereiche wie Wirtschaft, Politik, Soziales usw.

Vorbereitung

Für alle Kartenmethoden besteht die Vorbereitung in der Erstellung der
Karten, wobei zuvor entschieden werden muss, ob kleinere Formate
(nur für die Begriffe) oder größere (für zusätzliche Erläuterungen auf
der Rückseite) gewählt werden. Möglichkeiten für die Erstellung der
Kartensätze (vgl. ①).

Für das Strukturlegen (f) auf S. 141) liegen evtl. Papier und Stifte bereit,
der Arbeitstisch ist ansonsten frei geräumt.

Material

✓ Fertiger Kartensatz im Briefumschlag bzw. fertig beschriftete Bö-
gen mit den Begriffen zum Auseinanderschneiden bzw.
Bogen mit evtl. Kennzeichnung für die Kartengröße zum eigenen
Beschriften

✓ Glossars, Bücher usw., wenn die Rückseiten der Karten beschriftet
werden sollen

✓ Evtl. Papier, Kleber und Stifte für das Strukturlegen (f) auf S. 141)

Sozialform/en

Einzelarbeit, Teamarbeit, Plenum

Dauer

Die Dauer der einzelnen Methoden ist zum einen von den Vorerfahrungen der Lernenden und zum anderen von der Anzahl der Begriffskarten
abhängig. Sinnvoll wird pro Methode ein Zeitraum zwischen 10 und 25
Minuten sein.

Geeignete Themen

Hier eignen sich alle Themen des Geschichtsunterrichts, vom Anfangs-
unterricht bis zum Abitur, denn alle historischen Themen sind mit
Begriffen und Namen verknüpft. Mit dem Strukturlegen (f) können
auch methodische Arbeitsweisen zusammenfassend bearbeitet werden.

Beispiele

Thema: *Erfindungen in der Jungsteinzeit*
Arbeitsteilung – Dorf – Getreideanbau – Hausbau – Haustiere – Holz –
Holzpflug – Jagd – Kleidung – Klimaveränderung – Knochen – Palisade
– Sesshaftigkeit – Spindel – Spiralwulsttechnik – Tonkrug – Töpferei –
Spezialisierung – Steinbohrer – Steinschliff – Webstuhl – Wolle – Zucht
– ...

Thema: *Russische Revolution*
1917 – Autokratie – Bolschewiki – Duma – Eisenbahnerstreik – Februar-
revolution – Frieden von Brest-Litowsk – Industrialisierung – Kolchose
– Kommunismus – Lenin – Lew Bronstein – Menschewiki – Nikolaus II.
– Oktobermanifest – Oktoberrevolution – Petersburger Blutsonntag –
Rätesystem – „Rote" – Rote Armee – Sowjets – Stalin – Trotzki – Trotz-
kisten – „Weiße" – Weltrevolution – Zarenreich – ...

Thema: *Befragung von Zeitzeugen*
Atmosphäre – Auswertung – autobiografisches Gedächtnis – biografi-
sches Interview – Dank – Dokumentation – Durchführung – Eignung
– Erinnern – Fragebogen – Fragestellung – freies Erzählen – Kontaktauf-
nahme – Mitschnitt – Perspektivität – Quelle – thematisches Interview
– Vorbereitung – ...

Chancen und Stärken

Lernende ...

✓ können zur Begriffsfindung beitragen und sich Gedanken über die
„wichtigen" Inhalte des Themas machen.

a) Erklären
Sie üben sich darin, zentrale Inhalte kurz zusammenzufassen und
übernehmen Verantwortung für zutreffende Erläuterungen von
Begriffen.

b) Sortieren

Sie verarbeiten Inhalte, festigen ihr Begriffswissen und kontrollieren sich selbst.

c) Dreiergespräch

Sie üben sich im Narrativieren und Erklären mit geringem Druck in der Kleingruppe, festigen ihr Wissen und üben gegenseitig Kontrolle aus.

d) Präsentieren

Sie üben sich im Narrativieren und Erklären (auch unter größerem Druck im Plenum) und wenden ihr Wissen an.

e) Abgeordneter

Sie üben sich im Narrativieren und Erklären im Plenum und wenden ihr Wissen an; finden Spaß am Wettbewerb (wenn nach Punkten gespielt wird).

f) Strukturlegen

Sie strukturieren und vernetzen ihr Wissen und erkennen Zusammenhänge, narrativieren (im Erläutern) Wissen und Erkenntnisse, lernen andere mögliche Strukturen, Ordnungsmerkmale (im Zuhören und Anschauen) kennen und lassen sich auf diese ein. Der sehr hohe Aktivitätsanteil ermöglicht eine gute Vorbereitung auf eine Lernzielkontrolle.

g) Test

Sie können ihr Wissen unter Beweis stellen und erhalten ein (Noten-) Feedback.

Lehrende ...

✓ können ihre Lernenden aktivieren und sich selbst zurückhalten sowie bei Bedarf individuell unterstützen;

✓ erhalten durch die verschiedenen Strukturen der Lernenden Einsicht in deren Denkweise und Fähigkeit, Zusammenhänge zu strukturieren (bei f) Strukturlegen).

 Risiken und Schwächen

Für a) - g) keine ersichtlichen.

Aktivitätsanteile

Aktivitätsanteile der Lernenden

✓ Durchgängig hoch in der Einzel- wie in der Teamarbeit, vor allem im kognitiven Denken.

✓ Etwas geringer bei den Plenumsphasen.

Aktivitätsanteile der Lehrenden

✓ Durchgängig niedrig, vor allem, wenn die Lernenden die verschiedenen Kartenmethoden kennen und selbstständig anwenden können.

✓ Sie behalten Verantwortung für eine sinnvolle Auswahl der Begriffe.

✓ Höher und lenkender in den Plenumsphasen, moderierend in den Auswertungsphasen.

Motivation

Motivierend können hier der eigenständige Umgang mit dem Material und die hohe Eigenverantwortung für die Festigung und die Wiederholung des Wissens wirken.

Bei der Kombination verschiedener Kartenmethoden wirkt auch die Abwechslung in den Sozialformen motivierend sowie bei „e) Abgeordneter", auch der mögliche Wettbewerb.

Kompetenzbezug

Gefördert werden:

Analysekompetenz,
wenn Lernende eigenständig Texte und Materialien im Blick auf Erklärungen für Begriffe verstehend lesen und für ihre Definitionen nutzen;

Deutungskompetenz,
indem sie historische Zusammenhänge beim Erklären von Begriffen und beim Strukturieren deuten;

Selbst- und Sozialkompetenz,
da sowohl das Individuum in seiner Eigenständigkeit als auch Teams in
Kooperation herausgefordert sind, sich darin zu üben, ihr Wissen abzurufen, es zu ordnen und zu strukturieren, es anzuwenden, es anderen zu
erläutern und unter Beweis zu stellen.

 Fachdidaktische Prinzipien

Zur Geltung kommen:

Gegenwarts- und Zukunftsbezug,
insofern bei den Erläuterungen der Begriffe deutlich wird, dass Definitionen zeitlichem Wandel und somit der Historizität unterliegen;

Handlungsorientierung,
vor allem beim Strukturlegen (f), da sie sich handelnd, d.h. ordnend und
strukturierend betätigen und ein neues Produkt, die Struktur, erstellen;

Schülerorientierung,
hauptsächlich beim Strukturlegen (f), da die Lernenden in eigenakti-
ver Auseinandersetzung mit der Thematik ihre Sicht und Deutung der
Geschichte reflektieren, optisch sichtbar machen und kommunizieren;

Wissenschaftsorientierung,
indem die zu findenden bzw. zu rekapitulierenden Erläuterungen dem
aktuellen Stand der Wissenschaften entsprechen.

Weiterarbeit

Die Kartenmethoden sind untereinander hervorragend zu verknüpfen.

 Variation/en

✓ Sind den Lernenden die verschiedenen Kartenmethoden bekannt,
können sie für eine Übungs- und Festigungsphase auch frei entscheiden, welche der Methoden und Sozialformen sie für sich nutzen wollen; hierfür sind vor allem (a), (b) und (c) sowie (f) nützlich.

✓ Zu verschiedenen Themen des Geschichtsunterrichts werden die
wichtigsten Fachbegriffe ausgegeben und dann in der Anordnung
den jeweiligen Themen zugeordnet. Bei der Erläuterung (mündlich
oder auch schriftlich) wird die jeweilige Zuordnung begründet.

(Bsp.: Merkantilismus gehört zum Absolutismus, weil ..., Sansculotte gehört zur Französischen Revolution, weil ...).

✓ Für das Strukturlegen (f) enthalten die Karten nicht nur Begriffe, sondern auch Bilder (z.B. Fotos, Karikaturen), Symbole (Erkennungszeichen wie Krone, Wappen, Zunftzeichen, Flaggen, Parteiabzeichen usw.) Grafiken oder Diagramme (wie überschaubare Zahlenangaben zu Bevölkerungsgruppen usw.).

✓ Die Struktur (f) wird in einer Kleingruppe ausgehandelt und gelegt und von einem Gruppensprecher den anderen Gruppen vorgestellt.

Weitere Informationen

HEROLD, Martin/LANDHERR, Birgit: SOL – Selbstorganisiertes Lernen. Ein systematischer Ansatz für den Unterricht, Hohengehren 2003, S. 69-75.

THAL, Jürgen/VORMDOHRE, Karin: Methoden und Entwicklung, Hohengehren 2006, S. 83-87.

WAHL, Diethelm: Lernumgebungen erfolgreich gestalten, Bad Heilbrunn 2006, S. 186 und S. 305.

Kettenquiz

 Begriff

Ein Quiz, das wie an einer Kette oder „wie am Schnürchen" abläuft.

 Ziel/e

Mit dem Kettenquiz kann wissensorientierter Stoff zügig und die Lernenden aktivierend als Frage- und Antwortspiel wiederholt werden.

 Beschreibung und Durchführung

1. Karteikarten werden an alle Lernenden nach dem Zufallsprinzip verteilt.
2. Ein/e Lernende/r liest laut die erste Frage von einer (beliebigen) Karteikarte vor.
3. Wer die hierauf passende Antwort auf seiner Karteikarte vorfindet, liest sie laut vor. Anschließend wird die Karte umgedreht, dort steht eine Frage, die vorgelesen wird. Wieder antwortet von seiner/ ihrer Karte, wer die richtige Antwort vorfindet, um wiederum die nächste Frage zu stellen.
4. Am Ende wird die Kette geschlossen, indem die Antwort auf der ersten Karte, mit der alles begonnen hat, verlesen wird.

 Hinweise

✓ Beim Anlegen der Kärtchen muss darauf geachtet werden, dass die Fragen und Antworten fortlaufend von Karteikarte zu Karteikarte wandern und die Antworten eindeutig gefasst sind.

✓ Um den Kartensatz für andere Gruppen wieder zu verwenden, bietet es sich an, sie zu laminieren.

✓ Die Fragen und Antworten müssen nicht nur von den Lehrenden entwickelt, sondern können auch von den Lernenden vorgeschlagen und „eingereicht" werden.

✓ Einfacher, als die Vor- und Rückseite zu beschriften, ist es, die Frage und die Antwort auf eine Seite, aber deutlich voneinander unterschieden, zu schreiben (vgl. ▯).

Vorbereitung

Der Lehrstoff wird in Form von Fragen und Antworten vom Lehrenden auf die Vor- und Rückseiten von Karteikarten geschrieben. Dabei befindet sich die Antwort auf eine Frage jeweils auf einer anderen Karte.

Material

Fertiger Satz von Karteikarten mit Fragen und Antworten.

Sozialform/en

Plenum

Dauer

Sind die Lernenden gut mit dem Stoff vertraut, benötigt das Kettenquiz – je nach Gruppengröße und Länge der Fragen und Antworten – nicht länger als 5 bis 10 Minuten.

Geeignete Themen

Alle Themen.

Beispiele

Thema: *Jüdische Religion und Geschichte*

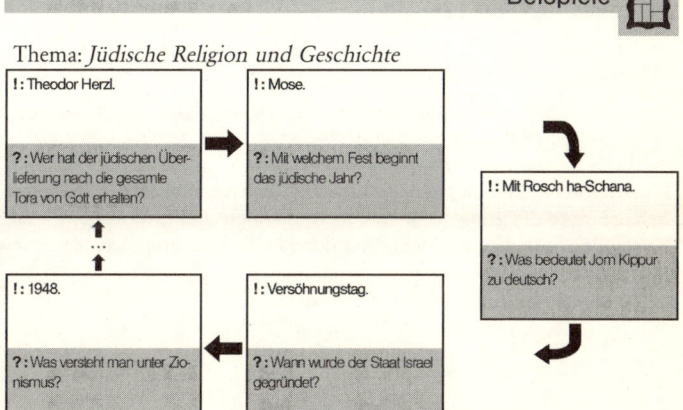

Chancen und Stärken

Lernende ...

✓ können den Unterrichtsstoff „spielend" wiederholen;
✓ sind die ganze Zeit über aufmerksam, weil sie ihren Einsatz nicht verpassen wollen, müssen also auf jede Frage und Antwort achten.

Lehrende ...

✓ stellen fest, wie sicher ihre Lerngruppe im Stoffgebiet ist.

 Risiken und Schwächen

Lernende ...

✓ finden es evtl. peinlich, wenn sie es verpassen, ihre Antwort an der richtigen Stelle zu geben.

Lehrende ...

✓ haben, wenn sie einen neuen Satz von Karteikarten für eine Einheit erstellen, einen gewissen Arbeitsaufwand.

 Aktivitätsanteile

Aktivitätsanteile der Lernenden

✓ Durchgängig hoch.

Aktivitätsanteile der Lehrenden

✓ Hoch in der Fleißarbeit, die Quizkarten zu erstellen, durchgängig niedrig in der Quizphase.

 Motivation

Motivierend wirken hier der spielerische Charakter und die Neugier, aus welcher Ecke die Antwort kommen wird. Auch die Spannung, ob die Kette ohne zu haken und fehlerfrei durchläuft, wird motivierend sein.

Kompetenzbezug

Gefördert wird:

Selbstkompetenz,
da sich die Einzelnen während des Kettenquiz kontrollieren können, ob
sie alle Fragen richtig beantworten könnten.

Fachdidaktische Prinzipien

Zur Geltung kommt:

Handlungsorientierung,
wenn die Lernenden aktiv an der Vorbereitung beteiligt sind, indem sie
selbst Fragen und passende Antworten erarbeiten und an die Lehrperson weiter geben.

Weiterarbeit

Im Anschluss an ein Kettenquiz bietet sich eine Lernzielkontrolle an.

Variation/en

✓ Mit dem Computer geschrieben, kann ohne viel Aufwand eine an-
   dere/weitere Version erstellt werden: In einer Liste werden alle Fragen durchnummeriert aufgeführt. In einer Zweiten befinden sich
   alle Antworten, die die Lernenden in Einzel- oder Partnerarbeit
   den entsprechenden Fragen zuordnen. Diese Variante könnte auch
   im Anschluss an das Kettenquiz als Hausaufgabe der vertiefenden
   Wiederholung dienen.
✓ Die Fragen könnten auch für andere Quizformen, wie ⇨DER GRO-
   SSE PREIS Verwendung finden.

Weitere Informationen

LEISEN, Josef: Methoden-Handbuch DFU, Bonn 2003.

Weblink hierzu (Staatliches Studienseminar Koblenz):
http://www.studienseminar-koblenz.de/bildungswissenschaften/metho-
denwerkzeuge.htm (Methode 30)

Kopfstand

 Begriff

Bei einem Kopfstand sieht man die Welt verkehrt herum – die Sicht, die alles „auf den Kopf stellt", ergibt eine zur üblichen Sicht- und Denkweise konträre Perspektive.

 Ziel/e

Lernende erarbeiten sich eine neue, eine „verkehrte" Sicht der Dinge. Die Umkehrung einer Fragestellung ergibt eine „frische", kreative Sichtweise auf die eigentliche Problemstellung.

 Beschreibung und Durchführung

1. Eine problemorientierte Fragestellung wird in ihr Gegenteil verkehrt. Statt also z.B. zu einer historischen Konfliktsituation gleich zu fragen „Wie könnte der Konflikt gelöst/beigelegt werden?" wird stattdessen zunächst gefragt: „Was kann zur Verschärfung/zur Eskalation" führen?"
    Statt zu fragen, wie eine Person/Gruppe ein Ziel erreichen kann, wird zunächst im „Kopfstand" gefragt: „Was wird dazu führen, dass das Ziel garantiert nicht erreicht wird?"

2. In Kleingruppen sammeln die Lernenden Ideen im Brainstorming und visualisieren diese, z.B. mit einer Mindmap.

3. Die Ergebnisse können im Plenum ausgetauscht werden; alternativ kann die Kleingruppe gleich anschließend die Fragestellung zurück „auf die Beine" stellen.
    Zu der Frage „Wie könnte der Konflikt gelöst/beigelegt werden?" werden jetzt aus den zunächst formulierten „Verschärfungen" nunmehr „Lösungen" entwickelt und (visualisiert) festgehalten. Aus den Ideen der garantierten Zielverfehlung werden nun solche zur Zielerreichung entfaltet.

4. Die Ideen werden im Plenum vorgestellt. Aus den sich überschneidenden Vorschlägen könnte ein Plakat entstehen.

Hinweise

Evtl. bietet es sich an, für die Gruppenphase auf Regeln hinzuweisen wie:
- ✓ Alle Vorschläge werden akzeptiert.
- ✓ Keine Idee wird von der Gruppe „abgewertet".
- ✓ Die vorgegebene Zeit wird eingehalten.

Vorbereitung

Die Vorbereitung ist gering, Zielfrage und Kopfstand-Frage müssen gut formuliert und Materialien für die Gruppenarbeit bereitgelegt werden.

Material

- ✓ Tafel oder OH-Projektor für die Fragestellungen
- ✓ Folien und Stifte bzw. Plakate und Stifte

Sozialform/en

Kleingruppen und Plenum

Dauer

Je nach Komplexität der Fragestellung und der historischen Situation, die zugrunde liegt, ca. 20 bis 45 Minuten.

Geeignete Themen

Das Thema sollte ...
- ✓ ein Problem, einen Konflikt, eine Spannung, einen Antagonismus enthalten;
- ✓ verschiedene Handlungsoptionen für die historischen Situationen beinhalten;
- ✓ in seiner Komplexität für die Lernenden noch überschaubar sein.

Beispiele

✓ *Kolumbus* möchte das *spanische Königspaar 1492* davon überzeugen, ihm einen Auftrag zu geben. Das Unternehmen, Indien erstmals über das Meer auf dem Weg nach Westen zu erreichen, soll durch sie finanziert werden. Wie muss er vor den Regenten auftreten, um den Auftrag nicht zu erhalten?

✓ Die *Alliierten* wollten auf der *Potsdamer Konferenz 1945* Regelungen und Vorgaben für das Deutschland der Nachkriegszeit vereinbaren. Wie hätten sie aussehen müssen, damit Deutschland zukünftig keine Chance für einen demokratischen Wiederaufbau gehabt hätte?

 Chancen und Stärken

Lernende ...

✓ werden in eine Problemsituation involviert;
✓ lösen festgefahrene Sichtweisen und Denkblockaden;
✓ entwickeln durch die Umkehrung Spaß daran, z.B. Absurdes oder „Verbotenes" zu formulieren – das kann entlastend wirken;
✓ lassen sich auf eine historische Situation und ihr spezifisches Bedingungsfeld ein;
✓ entfalten Verantwortung für die gemeinsame „Lösung" einer Problemsituation;
✓ üben sich in der gleichberechtigten Gruppenarbeit.

Lehrende ...

✓ können auf die Kreativität ihrer Schüler/innen in allen Phasen des Kopfstands bauen und ihnen viel Spielraum überlassen.

 Risiken und Schwächen

Keine ersichtlichen Schwächen.

 Aktivitätsanteile

Aktivitätsanteile der Lernenden

✓ Besonders hoch während des Kopfstands.

Aktivitätsanteile der Lehrenden

✓ Gering und sich zurückhaltend während des eigentlichen „Kopf-stands".

✓ Moderierend bei der Auswertung und Weiterarbeit.

Motivation

Motivierend wirkt hier die verkehrte Sicht, die ungewöhnlich und gegen den Strich gebürstet ist und ganz ungewohnte wie ungeahnte Optionen eröffnet.

Kompetenzbezug

Besonders lassen sich einüben:

Analysekompetenz
in der Analyse der Situation und Einbeziehung von Wissen und evtl. Materialien;

Deutungskompetenz
im Suchen nach und Abwägen von Lösungen;

Selbst- und Sozialkompetenz
im persönlichen Argumentieren, gemeinsamen Verhandeln und Vortra-gen der Ideen;

Urteilskompetenz
im Entscheiden für bestimmte Lösungen nach selbst entwickelten Kri-terien.

Fachdidaktische Prinzipien

Besonders lassen sich umsetzen:

Exemplarisches Lernen,
da ein spezieller „Fall" durchdacht wird;

Gegenwartsbezug,
da die Schüler/innen bei ihren Lösungsversuchen gegenwärtige Normen und Vorstellungen integrieren;

Multiperspektivität,
wenn die Sichtweisen unterschiedlicher Beteiligter am Konflikt eingenommen werden;

Problemorientierung,
da es um Lösungsansätze für reale Probleme geht.

⊢⇥ Weiterarbeit

✓ Nach der Sammlung der Vorschläge kann die Vergangenheit auf
ihre „Lösungen" oder auch „Eskalationen" befragt und untersucht
werden.

✓ Unterschiede und Gemeinsamkeiten zu den Ideen der Schüler/
innen werden festgestellt.

✓ Gemeinsam wird darüber nachgedacht, warum es in der Geschichte z.B. nicht zu den von den Schüler/innen erdachten Lösungen
gekommen ist; d.h., die spezifischen historischen Zusammenhänge
werden vertiefend in den Blick genommen, es wird nachgefragt,
wer warum welche Interessen durchgesetzt hat.

℘ Variation/en

Auch im Blick auf Arbeitsweisen lässt sich dieses Verfahren gut einset-
zen, z.B. im Blick auf Fragen wie:

✓ Wie kann ich mich möglichst erfolglos auf ein Referat, eine Lernzielkontrolle ... vorbereiten?

✓ Was lasse ich bei der Betrachtung einer Bildquelle alles außer acht,
um sie möglichst wenig für mich zu nutzen? ...

Eine andere Variante:
Zur Wiederholung eines Themas bekommen die Schüler/innen einen
Arbeitsbogen mit „Falschaussagen", die nicht ausschließlich das Gegenteil der Faktenlage formulieren, sondern unter denen auch einige
„haarscharf daneben" liegen sollten. Aufgabe der Lernenden ist es dann,
die „richtigen" Aussagen zu formulieren.

Weitere Informationen

THAL, Jürgen/VORMDOHRE, Karin: Methoden und Entwicklung, Hohengehren 2006, S. 162-164.

Begriff

Bei einem Büfett steht man vor einer Auswahl leckerer Speisen, bei denen man sich selbst bedienen darf, so auch beim Lernbüfett. Insofern
kommt das Lernbüfett als „All you can eat" daher.

Ziel/e

Lernende erarbeiten sich selbstständig und individuell Inhalte, wobei sie
aus einer angebotenen Themenvielfalt eine weitgehend freie, interessen-
bezogene Auswahl treffen können.

Beschreibung und Durchführung

Ein größeres Thema wird in sinnvolle Teilthemen, die im Umfang unge-
fähr gleichwertig sind, aufgeteilt.

Jedes Thema wird als Arbeitsbogen aufbereitet und enthält das Gesamtthema, das Teilthema, Aufgabenstellungen und Material, z.B. in
Form von Texten und Bildern.

Die einzelnen Teilthemen bekommen Buchstaben oder Ziffern und
können auf unterschiedlich farbigen Bögen ausgedruckt werden.

1. Zu Beginn der Stunde werden den Lernenden das Gesamtthema
   und seine Teilthemen (z.B. als Tafelbild, Folie oder als ⇨ADVANCE
   ORGANIZER) vorgestellt.
   Evtl. erhält jede/r (bei größerem Umfang) eine „Menükarte" mit
   allen Teilthemen, bearbeitete erhalten einen Haken.
2. Nach der Klärung der „Spielregeln" erfolgt die eigenständige Auswahl der Themen und deren Bearbeitung.

Zu den „Spielregeln" gehören die Informationen darüber,
✓ ob es evtl. einen grundlegenden und zugleich obligatorischen Arbeitsbogen gibt;
✓ wie viele Themen (Bögen) mindestens in der zur Verfügung stehenden Zeit (ggf. als Hausaufgabe) zu bearbeiten sind;
✓ ob es vorbereitete Lösungshilfen (Stichwörter, Anregungen, z.B. in
   Umschlägen auf dem Lehrerpult) gibt;
✓ ob es Lösungsbögen (am besten entsprechend der Nummerierung
   der Bögen an die Innenseiten der Tafel geklebt) gibt und ob es

Pflicht ist, Ergebnisse zu vergleichen und ggf. zu korrigieren, bevor man zu einem neuen Teilthema übergeht (bei jüngeren Lernenden sehr empfehlenswert).

 Hinweise

✓ Die Aufmachung der Bögen kann durchaus ähnlich sein, die Materialien (Bildmedien, Quellen, Sachdarstellungen, Tabellen etc.) sollten jedoch variieren.

✓ Auch die Aufgabenstellungen sollten möglichst vielfältig sein (Fasse kurz zusammen – Schreibe für jedes Thema fünf wichtige Begriffe auf Karten – Entwickle aus dem Text ein kurzes Interview – Interpretiere die Quelle mit unserem Schema – Suche dir eine Person auf dem Bild aus und schreibe ihre Sicht der Situation auf – Schreibe einen Brief als Zeitgenosse/Zeitgenossin an einen Freund/eine Freundin, überlege, welche Perspektive du einnehmen willst und verdeutliche diese – Löse das Rätsel – Verfasse eine Gegenrede – Welche Lösung schlägst du vor? – Vervollständige die Tabelle ...)

✓ Die Themenvielfalt sollte sich auch an den Interessen der Lernenden ausrichten. Diese kann man in der Planungsphase abfragen.

✓ Für heterogene Gruppen bieten sich leistungsdifferenzierte Angebote an.

✓ An einer vergrößerten „Menükarte" an der Tafel können die Lernenden von ihnen bearbeiteten Themen kennzeichnen (bspw. per Häkchen).

 Vorbereitung

Aufgliederung eines Themas in Teilaspekte und Erstellung von Materialien inkl. der Aufgabenstellungen (Arbeitsbögen), die zur individuellen Arbeit geeignet sind.

 Material

✓ Arbeitsbögen
✓ Themenübersicht (z.B. als Tafelbild)
✓ Evtl. Einhilfen und Lösungsbögen

Sozialform/en

In der Regel in Einzelarbeit, möglich auch in Tandems.

Dauer

Mindestens eine Schulstunde, gut möglich auch als Doppelstunde oder maximal für drei Stunden geeignet.

Geeignete Themen

Themen müssen ...
- ✓ komplex sein und sinnvolle Teilaspekte bieten, die inhaltlich eine Eigenständigkeit aufweisen;
- ✓ so aufzuteilen sein, dass eine beliebige Reihenfolge in der Bearbeitung möglich wird;
- ✓ auf der Materialebene durch genügend und auch möglichst anschauliches Material abgedeckt sein.

Achtung: Themen, die sachlogisch aufeinander aufbauen und z.B. durch ihre Struktur der Chronologie verpflichtet sind, eignen sich *nicht*!

Beispiele

Themenzusammenhang: *Römische Antike*
Büfettthema: *Wie sah das Leben in einer römischen Stadt aus?*

- ✓ Sage mir, wie du wohnst, und ich sage dir, wer du bist!
- ✓ Heiteres Berufe-Raten
- ✓ Brot und Spiele
- ✓ Ein Nachmittag der Entspannung und der Geschäfte – Besuch in einer Therme
- ✓ Ein/e Besucher/in wird durch die Stadt geführt – Rundgang mit Anekdoten
- ✓ Wie kommt das Wasser in die Therme, wie die Speisen in die Garküchen? Versorgung einer Stadt auf römisch
- ✓ Wo bitte geht es hier zur Schule?
- ✓ Kultur und Glaube – Was, wo, wie und wer?

Chancen und Stärken

Lernende ...

✓ haben einen sehr hohen Aktivitätsanteil;

✓ dürfen auswählen, sind so motivierter bei der Arbeit und können auf diese Weise Interessen entwickeln;

✓ erfahren, wie vielschichtig historische Themen sein können;

✓ übernehmen Verantwortung für den Fortschritt ihrer Lernprozesse.

✓ erfahren Erfolgserlebnisse durch überschaubare, kleinere, abgeschlossenen Lerneinheiten;

✓ üben sich in Selbstständigkeit und -kontrolle;

✓ können ihr Arbeitstempo selbst bestimmen;

✓ können u. U. zwischen zwei Schwierigkeitsstufen wählen;

✓ erfahren, dass sie in ihren Wünschen und Interessen wahrgenommen werden (vor allem, wenn sie diese in die Konzeptionierung einbringen können).

Lehrende ...

✓ haben in der Unterrichtssituation eine große Entlastung, da die Methode ein „Selbstläufer" ist;

✓ können mit zufriedenen und motivierten Lernenden rechnen;

✓ erfahren, welche Interessen die Lernenden haben (wer wählt welche Teilthemen?), wenn es eine „Menükarte" an der Tafel gibt (vgl. ☞);

✓ können Material nach Schwierigkeitsgrad unterscheiden (z.B. leicht – mittel – schwer) oder ein Thema in zwei Anforderungsniveaus anbieten und somit binnendifferenzierend arbeiten;

✓ erhalten Erkenntnisse über Stärken und Schwächen der Lernenden (durch die unterschiedlichen Aufgabenstellungen).

Risiken und Schwächen

Lernende ...

✓ müssen selbstständig arbeiten und haben keine Möglichkeit, Fragen oder Gedanken in einer Gruppe auszutauschen;

✓ haben es für die Dauer des Lernbüfetts durchgängig mit Arbeitsbögen zu tun, daher sollte das Büfett nicht länger als drei Schulstunden dauern, um die positiven Aspekte nicht durch Eintönigkeit zu überdecken.

Lehrende ...

✓ müssen für ein größeres Unterrichtsthema mehr Material aufbereiten als für den „herkömmlichen" Klassenunterricht.

Aktivitätsanteile

Aktivitätsanteile der Lernenden

✓ Lernende können im Vorfeld Anregungen oder Wünsche zur The-
menauswahl beisteuern.

✓ Lernende müssen und können im Unterricht höchst aktiv und
selbst gesteuert auswählen, arbeiten, sich selbst kontrollieren.

Aktivitätsanteile der Lehrenden

✓ Der Schwerpunkt liegt in der Vorbereitung.

✓ Während des Unterrichts wird der Lehrende zum Berater, keinesfalls jedoch zum „Kontrolleur" der Ergebnisse.

✓ In der moderierenden Auswertungsphase sind gut überlegte Impul-
se wichtig, die die Diskussion anregen.

Motivation

Motivierend wirkt hier zunächst, dass die Lernenden zwischen verschiedenen Teilthemen auswählen und somit interessenspezifisch arbeiten
können.

Aber auch das individuelle Arbeiten (Lerntempo, Differenzierung) und
die Ruhe im Klassenraum, die die Konzentration fördert, werden sich
motivierend auswirken.

Kompetenzbezug

Im Blick auf die Kompetenzen wird in jedem Fall die *Selbstkompetenz*
durch die eigenständige Bearbeitung gefördert.

Alle übrigen können, je nach Aufbau, Material und Aufgabenstellungen, auch zur Geltung kommen.

Fachdidaktische Prinzipien

Je nach Thema des Büfetts kommen hier alle Prinzipien in Frage (vgl. Kapitel 2), wobei sich eine Konzentration auf zwei bis drei anbietet.

Weiterarbeit

Nach Beendigung der individuellen Lernbüfettphase gibt es unterschiedliche Möglichkeiten:

✓ Lösungsanteile, die keine eindeutigen „Antworten" erfordern, sondern z.B. zu Wertungen, eigenen Produkten etc. herausfordern, werden im Plenum verglichen bzw. präsentiert.

✓ Jede/r Schüler/in äußert sich in einem Rundgespräch/Blitzlicht zu einem Impuls wie: „Das Interessanteste, was ich beim Büfett gelernt/herausgefunden habe, ist ..."

✓ Jede/r schreibt einen kurzen zusammenfassenden Text zum Gesamtthema (z.B. als Zeitungsartikel, als Lexikonartikel, ...), in dem er/sie die wichtigsten Erkenntnisse (inkl. der persönlichen Sicht) zusammenfasst, einige lesen ihr Ergebnis vor.

✓ Gemeinsam wird eine Map oder ein Plakat mit wesentlichen Ergebnissen gestaltet.

✓ Gruppen erstellen Kreuzworträtsel für die Mitschüler/innen (vgl. ⇨GITTERRÄTSEL).

✓ Die Schüler/innnen konzipieren eine Fernsehsendung (in Gruppen) und legen fest, welche Inhalte z.B. eine Reportage zu dem Thema enthalten muss.

✓ Auf jeden Fall wird die Methode in einer Metaphase ausgewertet, die Lernenden nehmen zu verschiedenen Aspekten (Lernspaß, -erfolg, -probleme usw.) Stellung und benennen Vor- und Nachteile.

 Variation/en

Lernende bereiten sich in Kleingruppen auf ein Teilthema vor, suchen und sichten Material und bereiten es für die Mitschüler/innen auf. Die Produkte ergeben zusammen das Büfett.

 Weitere Informationen

UHLENWINKEL, Anke: Freiarbeit im Geographieunterricht: Programm, Praxis, Perspektiven. Mit Lernbuffet auf CD-ROM, Bremen 2002.

Begriff

Auf einem Markt kann ich umhergehen und mich umsehen. An verschiedenen Stellen bleibe ich stehen, schaue genauer hin und kann „etwas mitnehmen".

Ziel/e

Lernende haben in Gruppenarbeit Produkte erstellt, z.B. Mindmaps oder Plakate, dabei kann es sich um Ergebnisse arbeitsgleicher oder eher arbeitsteiliger Arbeit handeln.

Die Marktmethode verhindert die Nachteile einer zentralen Vorstellung von Ergebnissen, zu denen gehört, dass alle gleichzeitig auf ein Produkt schauen müssen, das in der Regel weit entfernt von den Schüler/innen an der Tafel angebracht ist, und dass die Aufmerksamkeit schnell nachlässt. Vielmehr können sich hier alle individuell durch den Raum bewegen, in Ruhe umsehen, Fragen stellen und selbst auf Fragen antworten.

Beschreibung und Durchführung

Nach Beendigung einer Gruppenarbeit wird der Klassenraum in einen Markt umgewidmet, d.h. die Arbeitsergebnisse, z.B. in Form von Plakaten, Zeitleisten etc. werden an den Wänden – und wenn möglich – an zusätzlichen Stellwänden oder im Flur ausgehängt.
Diese Info-Stände werden von den Gruppen so verwaltet, dass immer mindestens ein bis zwei der jeweiligen Gruppe dort verweilen, um Fragen zu beantworten.
Alle anderen verteilen sich möglichst gleichmäßig an den Info-Ständen, so dass jede/r gut sehen und sich mit anderen austauschen kann. Der Wechsel erfolgt eigenständig und selbstbestimmt.
Je nach Weiterarbeit kann es schon während des Marktgangs ein Notizblatt für alle geben, auf dem Inhalte gesichert, Kommentare oder Feedbacks aufgeschrieben werden usw. (vgl. 🖿).
Die Gruppen wechseln sich in ihrer Präsenz am eigenen Stand ab und der Marktbesuch aller endet nach einer verabredeten Zeit auf ein akustisches Signal hin.

Hinweise

Evtl. bietet es sich an, für den Marktgang auf Regeln hinzuweisen wie:

✓ Eigenverantwortliches Abwechseln am eigenen Stand
✓ Leises Umhergehen und Sprechen an den Infotafeln
✓ Konstruktive Nachfragen bzw. Kritik während des Rundgangs

Im Gegensatz zu einer reinen dezentralen Präsentation (vgl. ⇨GALERIE), zielt diese Methode eher auf die eigenständige Informationsbeschaffung der „Marktbesucher" ab.

 ## Vorbereitung

Die Vorbereitung ist gering, es müssen genügend Stellflächen bereitgestellt werden. Die eigentliche Vorbereitung leisten die Schüler/innen in der Erarbeitung der Produkte.

 ## Material

✓ Tafeln, Wände, Stelltafeln
✓ Befestigungsmaterial (je nach Unterlage)

 ## Sozialform/en

Partnerkommunikation (bei der Beantwortung von Fragen zum Produkt) und individuelles Lernen (im Rundgang)

 ## Dauer

Je nach Anzahl und Umfang der Produkte ca. 15 bis 30 Minuten

 ## Geeignete Themen

Hier gibt es viel Freiheit, das Thema sollte sich in verschiedene Aspekte untergliedern lassen, nicht-linear sein und sich für die Aufbereitung in einer Map, einem Plakat – also für eine Visualisierung – eignen.

Beispiele

Die einzelnen Gruppen haben über das Leben auf einer *mittelalterlichen Burg* und die dort lebenden und arbeitenden Männer, Frauen und Kinder, ihre Aufgaben, Rechte, Pflichten etc. gearbeitet. Sie haben ihre Erkenntnisse in Plakaten visualisiert, die aus Überschriften, Begriffen, kurzen Texten, Symbolen, Kopien, Zeichnungen, Pfeilen, Farben usw. bestehen.

Die Gruppen haben zu Teilthemen gearbeitet, wie ...

Burgherr/in, Kinder auf der Burg, Ritter und Burgfrauen, Knappen und Fräulein, Mägde, Knechte und Priester.

Chancen und Stärken

Lernende ...

✓ üben sich darin, auf Fragen kompetent reagieren zu können, sie narrativieren dabei ihre historischen Erkenntnisse;
✓ können alles von Nahem betrachten;
✓ üben sich im nachvollziehenden Verstehen der Ergebnisse anderer und stellen sie persönlich interessierende Fragen;
✓ stärken ihre Eigenverantwortlichkeit für ein angemessenes Verhalten während des Marktgangs.

Lehrende ...

✓ können die Organisation der Vorstellung von Produkten ihrer Lerngruppe überlassen und sich selbst umsehen und informieren, ohne ständig die Aufmerksamkeit aller bündeln zu müssen.

Risiken und Schwächen

Lernende ...

✓ Bei noch ungeübten Schüler/innen mag der Zeitaufwand zunächst groß sein.
✓ Bei Problemen im Sozialgefüge kann es zu Abwertungen der Arbeiten anderer oder gar beleidigenden Aussagen kommen.

Lehrende ...

✓ keine ersichtlichen.

Aktivitätsanteile

Aktivitätsanteile der Lernenden

✓ Jede/r ist mit dem Anschauen, Aufnehmen, Nachfragen und Antworten im Wechsel beschäftigt und nimmt aktiv Anteil.

Aktivitätsanteile der Lehrenden

✓ Beim Gang über den Markt/durch das Museum ist man ein/e Besucher/in unter vielen.

✓ Evtl. greift man bei Stauungen an einem Infostand oder zu hoher Lautstärke regelnd ein.

✓ Im anschließenden, auswertenden Plenum übernimmt man wieder Moderationsfunktion.

 Motivation

Motivierend wirkt hier, dass es sich auch im Wortsinn um eine bewegte Methode handelt. Die Lernenden bewegen sich durch den Raum und können selbst entscheiden, wo sie länger oder kürzer verweilen.

Für diejenigen, die Fragen zum eigenen Gruppenplakat beantworten, wird sich der Stolz auf das Produkt, und im Blick auf den Gang über den Markt die Neugierde auf die jeweils anderen Ergebnisse und Produkte als motivierend erweisen.

 Kompetenzbezug

Abhängig vom Thema und den Produkten werden verschiedene Kompetenzen gefördert. Für das Beispiel sind das:

Analyse-, Deutungs- und Methodenkompetenz
durch die Themenbearbeitung mittels unterschiedlicher Materialien;

Selbst- und Sozialkompetenz
durch die Erarbeitung, das eigene wahrnehmende Umhergehen und die Gespräche an den „Marktständen".

 Fachdidaktische Prinzipien

Abhängig vom Thema und vor den Produkten können verschiedene Prinzipien umgesetzt werden. Hier können zur Geltung kommen:

Forschend-entdeckendes Lernen
durch den handelnden Umgang mit den Materialien in der Erarbeitungsphase, aber auch durch forschendes Nachfragen auf dem Markt;

Handlungsorientierung
durch die Produkterstellung und die Gespräche während der Marktmethode;

Multiperspektivität
durch die im Fokus stehenden verschiedenen Personen(-gruppen) und ihre Unterschiede z.B. in Rang, Geschlecht, Chancen, Verantwortung, Aufgaben usw.

Weiterarbeit

- ✓ Nach der Rückkehr in das Plenum kann es zu einem bewertenden Austausch der Ergebnisse kommen. Dabei sollte es Aussagen zu verabredeten Kriterien (inhaltliche Aussagekraft, Relevanz der Informationen, Verständlichkeit, Gestaltung/Aufbereitung der Informationen, Beantwortung der Fragen durch die Gruppenmitglieder, ...) geben. Diese Phase könnte auch schriftlich mit Hilfe von Evaluationsbögen erfolgen.
- ✓ Auch eine Benotung (für die Gruppen) könnte sich anschließen, bei der die Lehrperson die Lernenden beteiligen kann.
- ✓ Bei arbeitsgleichen Aufgaben für die vorangegangene Gruppenarbeit kann der Fokus beim Vergleich auf Gemeinsamkeiten, vor allem aber auf Unterschieden liegen.
- ✓ Insgesamt darf das Lob für die Produkte nicht zu kurz kommen!
- ✓ Vgl. auch 🔄 bei ⇨GALERIE.

Variation/en

Wie angedeutet, können die Lernenden schon während des Rundgangs Rechercheaufträge übernehmen und sich z.B. Ergebnisse zu bestimmten Fragen notieren oder einen Lückentext ausfüllen. Das benötigt entsprechende Vorbereitung und mehr Zeit für den Marktgang!

Weitere Informationen

MÜLLER, Frank: Selbstständigkeit fördern und fordern, Weinheim/Basel 2004, S. 95-96.

Meinungsblatt

 Begriff

Das Meinungsblatt fordert die individuelle Meinung aller Lernenden heraus und bietet auf einem vorstrukturierten Blatt Platz für die Dokumentation jeder individuellen wie einer gemeinsam ausgehandelten Ansicht.

 Ziel/e

Mit dem Meinungsblatt üben sich Lernende darin, sich zu einer Fragestellung, einem Problem, eine Meinung zu bilden, diese zu dokumentieren und sich mit anderen, zunächst in einer Kleingruppe, auszutauschen, ggf. zu Übereinstimmungen oder auch zu Gegensätzlichkeiten zu gelangen und diese ebenfalls festzuhalten. Insofern bietet die Methode einen Schritt hin zur qualifizierten Urteilsbildung.

 Beschreibung und Durchführung

1. Es werden Teams von vier Lernenden gebildet, die jeweils ein vorbereitetes Meinungsblatt in der Größe eines Flipchartbogens sowie dicke Filzstifte (pro Schüler/in einer) erhalten. Der Bogen ist etwa wie folgt in insgesamt fünf Felder eingeteilt (oder wird so von den Teams, nach einer Skizze an der Tafel/auf einer Folie selbst gegliedert).

2. Zu einer Fragestellung, einer offenen Problemstellung, von der Lehrkraft z.B. an die Tafel geschrieben, entwickeln alle in einer Stillarbeitsphase ihren persönlichen und begründeten Standpunkt hierzu. Die Lehrkraft macht deutlich: „Deine Meinung ist gefragt!"

168

Diese wird auf dem Papier in jeweils einem eigenen Feld (außen) notiert. Dabei soll es keinesfalls zuvor zu einem Austausch kommen!

3. Haben alle aus der Gruppe ihre Ansicht (Thesen oder auch Stichpunkte, evtl. in einer zuvor festgelegten Zeit) vermerkt, rotiert das Meinungsblatt auf dem Tisch der Gruppe, bis jede/r die Beiträge der anderen gelesen hat.

4. Innerhalb einer verabredeten Zeit haben die Teams jetzt Zeit und Gelegenheit miteinander zu diskutieren. Sie können gegenseitig Nachfragen stellen, Übereinstimmungen oder auch Differenzen zwischen den Einzelbeiträgen feststellen und müssen entscheiden, wie sie das gemeinsame Feld in der Mitte nutzen.

   ✓ Sie können durch gleiche oder ähnliche individuelle Einträge bzw. durch Diskussion eine Einigung erzielen und eine Meinung in der Mitte notieren, die einen gemeinsamen Nenner abbildet.

   ✓ Sie können so große Unterschiede feststellen, dass diese nicht „überbrückt" werden können, aber auch nicht sollen. Hier werden die Unterschiede pointiert in der Mitte abgebildet.

5. Die Ergebnisse werden nach Möglichkeit ausgehängt, sodass sie für alle sichtbar werden. Wie in einer Ausstellung erhalten alle Zeit, jeweils die „Mitte" zu lesen. Das Thema wird darüber platziert.

6. Eine gemeinsame Auswertung im Plenum kann ...

   – vergleichen, was jeweils in der Mitte steht und auch hier wieder Ähnlichkeiten bzw. Abweichungen der Teamergebnisse untereinander feststellen;

   – die Ergebnisse insgesamt diskutieren;

   – die Methode auswerten, z.B. unter den Fragestellungen: War es gut/schwierig zu leisten, die eigene Meinung zu überdenken/sie schriftlich zu fixieren und die gemeinsame Mitte zu füllen?

   ✓ Sind die Standpunkte, die die Lernenden eingenommen haben, auch in der Geschichte anzutreffen und bei wem?

   ✓ Sind sie nur gegenwartsbezogen und warum?

   ✓ War die Fragestellung/die Problemstellung anregend für die Lernenden und bedeutsam für das Unterrichtsthema?

   ✓ Wird die Methode als hilfreich für die Meinungsbildung angesehen?

Vorbereitung

Die Methode wird zum einen durch den vorausgehenden Unterricht vorbereitet, indem die Lernenden ein Thema erarbeiten und sich mit den zentralen Fragestellungen und Problemen vertraut machen. Zum anderen gehören die Erstellung der Meinungsblätter und die gut überlegte Formulierung der Meinungsfrage, des Problems, das zur Meinungsbildung herausfordert, zur Vorbereitung.

 ## Material

✓ Die Frage- bzw. Problemstellung, die für die Lernenden „sichtbar" und nachlesbar bleibt

✓ Ein vorbereitetes Meinungsblatt (Flipchartgröße) pro Team (vgl. ①)

✓ Breite Filzstifte für alle Lernenden

✓ Akustischer Signalgeber (bspw. Gong)

✓ (Pin-)Wände für die Meinungsblätter

 ## Sozialform/en

Einzelarbeit, Teamdiskussion, Plenumsdiskussion

 ## Dauer

Ca. 5 Minuten für die individuelle Phase, 10-15 Minuten für die Teamphase und ca. 15 Minuten für die abschließende Plenumsphase, insgesamt also etwa 30 Minuten

 ## Geeignete Themen

Alle. Besonders eignen sich:

✓ (entscheidungs-) offene Problemsituationen der Geschichte

✓ provokante Ausgangssituationen, die zu (unterschiedlichen) Standpunkten herausfordern

✓ zu Kontroversen anregende Themen der Zeitgeschichte.

Beispiele

Thema: *Deutsche Kolonialpolitik und ihre Folgen*
Aufgabe: Der Aufstand der Herero (und Nama) in Deutsch-Südwestafrika – ein Völkermord? Wie denkst du darüber?

Thema: *Aktuelle weltpolitische Probleme: Auslandseinsätze deutscher Soldaten*
Aufgabe: Wie denkst du über den Einsatz deutscher Soldaten? Wie sollte zukünftig darüber entschieden werden?

Thema: *Aktuelle weltpolitische Probleme – Klimawandel*
Aufgabe: Du reist als Vertreter/in deines Landes zu einer internationalen Konferenz (Klimawandel und -schutz). Zuvor musst du dich mit anderen Verantwortlichen abstimmen. Welches Ziel willst du mit welchen Mitteln auf der Konferenz verfolgen und in die Diskussion einbringen?

Thema: *Leben im Mittelalter*
Aufgabe: Stelle dir vor, du würdest im Mittelalter leben. Welchen Stand würdest du warum auswählen?
In diesem Beispiel aus einer 7. Realschulklasse geht es nicht um ein historisches Problem, sondern es handelt sich um eine „Was-wäre-wenn-Frage". In deren Beantwortung sind die Lernenden aufgefordert, sich selbst in der Geschichte gleichsam projektiv zu verorten und sich damit wertend mit Geschichte auseinander zu setzen. (Mit dieser Fragestellung stellt dieses Beispiel eine Variante zur Methode dar.)

Unterschiede: Maxi will arm und entertainen. Viv und Paul wollen eher reich sein und nicht viel • machen. Maxi will Leute unterhalten und hätte Spaß an seinem Beruf. Paul und Viv wollen mehr Freizeit haben und trotzdem Reich sein.

Abb. 7: Gemeinsamer Eintrag, Mitte (Foto: *Birgit Wenzel*)

Maxis Eintrag (passend zu Abb. 7):
Ich hätte gern im Mittelalter gelebt. Dann wäre ich ein Possenreißer und könnte den Leuten aus meinem Volk Freude machen und sie zum Lachen bringen. Leider hätte ich wenig Rechte und wenig Geld. Trotzdem hätte ich Spaß an meiner Aufgabe. Außerdem schenken dir viele Leute ihre Aufmerksamkeit.

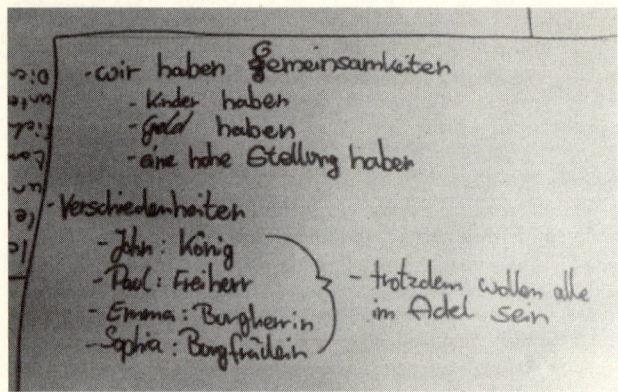

Abb. 8: Gemeinsamer Eintrag, Mitte (Foto: *Birgit Wenzel*)

Gemeinsamer Eintrag (siehe Abb. 8.):
Wir haben Gemeinsamkeiten
–   Kinder haben
–   Geld haben
–   eine hohe Stellung haben
Verschiedenheiten
–   John: König
–   Paul: Freiherr   } trotzdem wollen alle im Adel sein
–   Emma: Burgherrin
–   Sophia: Burgfräulein

Eine weitere gemeinsame Mitte:
Wir wollen alle adlig sein, dann hätten wir viel Ansehen und Besitz. Ein Unterschied ist, dass wir unterschiedliche Aufgaben hätten: Z.B. Bill will andere beschützen, Julika ist musikinteressiert, und Marlene und Michi wollen eher Ansehen, Schmuck und Kleider.

Chancen und Stärken

Lernende ...

✓ sind durch die Stillarbeit zu Beginn zum Mitdenken und -arbeiten herausgefordert, d.h. niemand kann sich (wie in einer gleich zu Beginn offenen Diskussion) rausziehen, um den anderen die Bildung eines Standpunktes zu „überlassen";

✓ nehmen historische und zeitgeschichtliche Situationen nicht als abgeschlossen oder unausweichlich wahr, sondern als beeinflussbar durch menschliches Entscheiden und Handeln;

✓ können sich in einer entlastenden Kleingruppe darin üben, ihren Standpunkt zu vertreten und auf Fragen zu antworten;

✓ üben sich im Diskutieren innerhalb eines kleinen Teams und darin, Ergebnisse zu bewerten und abzustimmen;

✓ stellen fest, dass es zu Frage- und Problemstellungen begründete, unterschiedliche Einstellungen geben kann.

Lehrende ...

✓ fordern mit dieser Methode alle Lernenden zu individueller Meinungsbildung heraus und halten sich selbst dabei ganz heraus;

✓ bekommen Einblicke in die über Geschichte erworbenen Vorstellungen und Denkweisen ihrer Lernenden.

Risiken und Schwächen

Lernende ...

✓ könnten sich in einem ersten Anlauf mit dieser Methode überfordert fühlen.

Lehrende ...

✓ haben es bei großen Gruppen mit vielen Ergebnisblättern zu tun.

Aktivitätsanteile

Aktivitätsanteile der Lernenden

✓ Durchgängig hoch in der Einzel- wie in der Teamarbeit.

✓ Etwas geringer bei einer Weiterarbeit im Plenum.

Aktivitätsanteile der Lehrenden

✓ Sie erläutern das Problem/die Frage, zu der sich die Lernenden positionieren sollen, geben ggf. Material aus und beschränken sich ansonsten auf eine beobachtende Tätigkeit und die Vorgabe der zeitlichen Limits.

✓ Moderationstätigkeit in der anschließenden Plenumsphase.

 ## Motivation

Motivierend wirken hier die Herausforderung, eine persönliche Einstellung zu entwickeln, diese einzubringen und die Arbeitsweise mit dem Meinungsblatt.

 ## Kompetenzbezug

Gefördert werden:

Selbst- und Sozialkompetenz,
da sowohl das Individuum in seiner Eigenständigkeit (erster Schritt der Methode) als auch das Team in einer gemeinsamen, abgestimmten Leistung (zweiter Schritt) herausgefordert werden;

Urteils- und Orientierungskompetenz,
da die Lernenden eine Situation/Entscheidung beurteilen sollen. Die Einnahme eines begründeten Standpunkts wie die Kenntnisnahme „fremder" Ansichten und die Diskussion der Meinungen tragen zur eigenen Orientierung bei.

 ## Fachdidaktische Prinzipien

Zur Geltung kommen:

Gegenwarts- und Zukunftsbezug,
indem deutlich wird, dass Standpunkte durch gegenwärtige Normen und Werte beeinflusst sind und dass sie nur dann eine Chance zur Durchsetzung haben, wenn sie auch vertreten werden;

Pluralität,
da die Lernenden feststellen, dass es zu einem Problem unterschiedliche und dennoch begründete Ansichten geben kann;

Problemorientierung,
weil ein tatsächliches Problem verhandelt wird, zu dem sich die Lernenden positionieren müssen;

Schülerorientierung,
indem die Meinungsbildung aller Lernenden provoziert wird und sie in ihrem Standpunkt wahr- und ernst genommen werden.

Weiterarbeit

Einzelne „Lösungsideen" für die Problemstellungen könnten jetzt mit Hilfe anderer Methoden zu einer Umsetzung oder Anwendung gelangen, z.B. durch:

✓ ein Rollenspiel
✓ das Verfassen eines Zeitungsartikels/eines Leserbriefes
✓ den Entwurf eines Aufrufs/eines Werbeplakats.

Variation/en

Die Lernenden fertigen für die persönliche Meinungsbildung Notizen an und tauschen sich aus. Dann werden sie aufgefordert, eine gemeinsame Teammeinung zu verhandeln und aufzuschreiben, da sie für die Diskussion im Plenum nur mit einer Meinung auftreten dürfen. Hier kommt es verstärkt auf eine Kompromisslösung an, und inhaltlich eignen sich solche Problemstellungen, in denen auch in der (Zeit-) Geschichte die Handelnden auf Übereinkünfte angewiesen waren. In diesem Fall hat das Meinungsblatt Ähnlichkeiten mit der Methode ⇨Aushandeln.

Weitere Informationen

Das Meinungsblatt stellt eine „Fortsetzung" oder Weiterentwicklung aus dem ⇨Denkblatt dar.

Adamski, Peter: Gruppenarbeit und kooperatives Lernen. In: Geschichte Lernen 123/2008, S. 9.

Mitbringsel

 Begriff

Ein Mitbringsel verdeutlicht etwas Persönliches, hier eine Assoziation, eine Einstellung zum historischen Thema. Es regt zum Kommunizieren an.

 Ziel/e

Die Aufforderung, einen Gegenstand in den Unterricht mitzubringen, der aus der Sicht der Lernenden etwas mit dem Thema zu tun hat, soll diese dazu anregen, sich Gedanken zur Historie zu machen, sich reflexiv in Beziehung zu setzen. Zusätzlich ist es ein Ziel, dass sie ihre Gedanken, ihre Einstellung zur Geschichte, die durch den Gegenstand verdeutlicht wird, kommunizieren.

 Beschreibung und Durchführung

1. Ein historisches Thema wird im Unterricht bearbeitet; die Lernenden werden aufgefordert, dazu passend einen Gegenstand auszuwählen. Dieses Mitbringsel soll etwas zum Ausdruck bringen. Es kann die Meinung, die Haltung zum Thema verdeutlichen, es kann ihr Interesse oder auch ihre Bedenken, ja ihre Abneigung dem Thema gegenüber zum Ausdruck bringen oder auch das, was sie besonders beeindruckt und angesprochen hat.

2. Die Lernenden setzen sich in Gruppen, am besten zu sechst zusammen, so im Raum verteilt, dass sie sich gegenseitig möglichst wenig stören.

3. In den Gruppen sollen alle ihr Objekt vorstellen, indem sie den Gegenstand präsentieren und erläutern: „Ich habe diesen Gegenstand X mitgebracht, weil ... ." Die übrigen hören zu und können Fragen stellen. Die Auswahl der Mitbringsel und die Begründungen dürfen jedoch nicht gegenseitig bewertet werden.

   Zum Abschluss der Phase werden die Gruppen aufgefordert zu entscheiden, welche ein bis zwei Beispiele besonders interessant oder ausgefallen waren, um sie nochmals im Plenum vorzustellen.

4. Im Plenum werden diese durch die Lernenden oder alternativ durch Mitschüler/innen kurz präsentiert.

5. Gemeinsam kann ausgewertet werden, welche „Trends" ausgemacht werden können. Gab es überwiegend „positive" Mitbringsel und Begründungen, die z.B. Bewunderung oder Zustimmung signalisierten, gab es viel Kritisches oder Ablehnendes?

Hinweise

✓ Besonders zur Einführung der Methode sollte die Aufgabenstellung nicht nur mündlich, sondern auch schriftlich für die Lernenden zur Verfügung stehen, damit sie sich zuhause bei der Auswahl eines Mitbringsels der Zielstellung versichern können.

✓ Den Lernenden sollte deutlich gemacht werden, dass wirklich alle ein Objekt mitbringen sollen. (Eventuell muss für diejenigen, die das Mitbringsel „vergessen", eine Sonderregelung getroffen werden, um ihnen für das nächste Mal einen Anreiz zu bieten, sich zu beteiligen.)

✓ Um Lernende in die Methode einzuführen, könnte die Lehrperson nach der Aufgabenstellung ein bis zwei eigene Beispiele parat haben.

✓ Als Lehrender sollte man Kommentare, die eine negative Einschätzung signalisieren, vermeiden, denn hier soll niemand entmutigt werden, und es geht ja gerade um persönliche Zugänge und Gedanken, die nicht bewertet, zumindest nicht abgewertet werden sollen.

✓ An welcher Stelle des Unterrichtens zu einem Thema die Methode gut einzusetzen ist, muss variabel eingeschätzt werden. In der Regel bietet sich ein Zeitpunkt eher zum Ende hin an, damit die Lernenden Verknüpfungen bilden können. Für das erste Beispiel (vgl. ▣) eignet sich eher ein früherer Zeitpunkt innerhalb der Einheit.

Vorbereitung

Die Vorbereitung besteht in der Aufgabenstellung in der vorausgehenden Unterrichtsstunde sowie evtl. in einem Lehrerbeispiel.

Material

Die Mitbringsel, von den Lernenden ausgesucht und mitgebracht

Sozialform/en

Kleingruppen- und Plenumsarbeit

 Dauer

Ca. 5–10 Minuten für die Vorstellung der Mitbringsel in der Gruppe und weitere ca. 10–15 Minuten, je nach Intensität der Plenumsrunde und der Auswertung

 Geeignete Themen

Jedes Thema.

 Beispiele

Thema: *Einführung in den Geschichtsunterricht*

Aufgabenstellung:
Bringt zur nächsten Stunde ein Mitbringsel mit, das mit eurer Lebensgeschichte etwas zu tun hat. Dabei kann es sich um jede beliebige Quelle handeln. Überlegt euch und berichtet dann im Unterricht, was das Mitbringsel mit eurer Lebensgeschichte zu tun hat und was daran für euch wichtig ist.

Mitbringsel der Lernenden:
Der erste Schuh – Fotos von der Taufe, der Beschneidung, der Einschulung – eine 100 Jahre alte Backform der Ururgroßmutter, in der jeden Samstag gebacken wird – ein erstes Kuscheltier – ein Zeugnis des Großvaters – die Geburtsurkunde – ein geschmiedeter Ring – Familienerbstück, das immer an die Tochter weitergegeben wird – ein Fußball mit einem Autogramm – eine Geburtstagskarte aus Indien – das von der Tante genähte Taufkleid usw.

Thema: *Lebensalltag und Religion im 16. Jahrhundert*

Aufgabenstellung:
Was hat euch in unserem Unterricht besonders angesprochen und interessiert? Was war für euch beeindruckend oder abschreckend? Überlegt euch hierfür ein Mitbringsel. Die Sache, das Objekt, soll euren Bezug zum Thema verdeutlichen.

Mitbringsel der Lernenden:
Ein Schleifenband (für die beeindruckenden Einblicke in die Männer- und Frauenmode) – eine Holzschale (weil mich das Ausmaß, in dem Menschen vom Betteln leben mussten, erschreckt hat) – eine Bibel (weil mich die religiösen Auseinandersetzungen und Kämpfe interessiert und zugleich geärgert haben) – Streichhölzer (weil ich es unglaublich finde, dass man so viele Menschen als „Hexen" verbrannt hat) – ein Gürtel (weil ich die einfachen, aber einfallsreichen Kinderspiele toll fand – der Gürtel kam bei einem „Reiterkampf" zum Einsatz) – usw.

Chancen und Stärken

Lernende ...

- ✓ überlegen sich einen individuellen Zugang zur Geschichte;
- ✓ gestalten den Unterricht aktiv mit und narrativieren ihre Gedanken, ihre Haltung;
- ✓ können in der kleinen Gruppe üben, sich auszudrücken und ihren individuellen Zugang zu begründen;
- ✓ können selbst entscheiden, ob sie eher knapp oder ausführlich zu ihrem Mitbringsel Stellung beziehen;
- ✓ nehmen sich selbst und ihre Einstellung der Geschichte gegenüber sowie die der anderen ernst.

Lehrende ...

- ✓ bekommen einen Einblick in Schülergedanken, -interessen, -haltungen usw.

Risiken und Schwächen

Lernende ...

- ✓ könnten sich durch die Aufgabenstellung überfordert fühlen;
- ✓ empfinden es evtl. als peinlich, ihre persönlichen Gedanken zu offenbaren.

Lehrende ...

- ✓ müssen evtl. mit Widerständen der Lernenden rechnen.

Aktivitätsanteile

Aktivitätsanteile der Lernenden

✓ Besonders hoch in der Vorstellung ihrer Mitbringsel, aber auch anteilnehmend und interessiert beim Zuhören.

Aktivitätsanteile der Lehrenden

✓ Niedrig und zuhörend während der Gruppenarbeit, moderierend im Plenum.

 Motivation

Die Aufgabenstellung motiviert, einen eigenen Zugang zur Geschichte „zum Anfassen" zu präsentieren, statt, wie sonst eher üblich, Gelerntes zu reproduzieren.

 Kompetenzbezug

Gefördert werden:

Deutungskompetenz,
Geschichte wird neu aus der individuellen Sicht gedeutet;

Selbstkompetenz,
eine persönliche Haltung zum Thema wird aktiviert und im Rahmen der Methode auch zum Ausdruck gebracht;

Urteils- und Orientierungskompetenz,
die Stellungnahme impliziert ein Werturteil sowie einen Vergleich mit der Gegenwart, sodass auch eine Orientierung in der Zeit thematisiert wird.

 Fachdidaktische Prinzipien

Zur Geltung kommen:

Exemplarisches Lernen,
da die Lernenden sich bewusst auf einen, ihnen bedeutsamen Aspekt der Geschichte konzentrieren;

Gegenwartsbezug,
da insbesondere der (vergleichende) Blick auf die Geschichte aus der (eigenen) Gegenwart durch Bedeutung aufgeladen wird;

Pluralität,
da ein ganzes Spektrum an Interessen, Zugängen etc. deutlich wird;

Schülerorientierung,
da die Methode gerade das persönliche Statement und die individuelle Auseinandersetzung mit der Geschichte einfordert.

Weiterarbeit

Haben die Lernenden viele kreative und überzeugende Mitbringsel und Begründungen mitgebracht, könnte aus den Objekten und kurzen schriftlichen Erklärungen eine kleine Ausstellung entstehen.

Variation/en

Statt wie bei ① unter 3. beschrieben, können hier auch Mitschüler/innen die Mitbringsel anderer vorstellen und dabei auch den Bedeutungszusammenhang wiedergeben. Diejenigen, deren Beitrag jetzt stellvertretend vorgestellt wird, erfahren, was bei anderen angekommen ist und können ggf. ergänzen. Durch die „Fremdvorstellung" im Plenum wird ein interessanter „Filter" eingebaut, und insgesamt mehr Lernende werden aktiv beteiligt.

Weitere Informationen

MÜLLER, Frank: Selbstständigkeit fördern und fordern, Weinheim/Basel 2004, S. 99-100.

Objektinterview

 Begriff

In einem Objektinterview werden Fragen an ein Objekt (einen Sachge-
genstand) gestellt und – aus der Sicht des Objekts – beantwortet.

 Ziel/e

Lernende erarbeiten anhand von Material zu zweit die Hintergründe zu
einem Objekt und verwerten diese als Interview, das sie den Mitschü-
ler/innen, z.B. bei einem gemeinsamen Rundgang in einem Museum,
präsentieren.

 Beschreibung und Durchführung

Die Punkte 1 bis 3 können schon vor dem (Museums-)Besuch erledigt
werden:

1. Zu zweit suchen sich die Lernenden ein sie interessierendes Objekt
   aus oder bekommen eines von der Lehrkraft/vom Museumsperso-
   nal zugewiesen.

2. Das Tandem sammelt Fragen, die es an das Objekt hat und informiert sich gründlich (durch genaue Betrachtung, durch Beschrif-
   tungen, Tafeln, Kataloge, durch museumspädagogisches Material
   oder auch durch Befragung von Museumspädagog/innen bzw.
   Informationen aus anderen Quellen).

3. Das Duo erarbeitet (in Stichpunkten) ein Interview. Dabei werden
   zwei Rollen vergeben, nämlich Frager/in und Beantworter/in, die
   unterschiedlich definiert werden können, z.B. interessierte/r Schü-
   ler/in oder Besucher/in und Objekt oder Expert/in.

4. Beim Rundgang vor Ort werden an den jeweiligen Objekten die
   Interviews vorgetragen. Ein Mikrofon als „Requisite" erleichtert
   das Annehmen und Vortragen der Interviewsituation.

5. Die Methode wird gemeinsam ausgewertet (z.B. im Vergleich zu
   anderen Erfahrungen von Museumsbesuchen) im Blick auf die eigene Beteiligung, den Spaß am Besuch, die Effektivität des Lernens
   usw.

Hinweise

✓ Evtl. erweisen sich vor allem bei jüngeren oder lernschwächeren Lernenden Hilfestellungen für die Fragestellungen als dienlich. Diese sollten jedoch nicht „automatisch" zur Verfügung stehen, um die Fragetätigkeit und Phantasie nicht im Voraus zu kanalisieren. Sie können aber auf Anfrage bereitgehalten werden. Die Einhilfen können auf Bereiche verweisen, nach denen gefragt werden kann, so z.B. auf das Alter, das Material, die Herkunft, die Herstellung, die Bedeutung, die Verwertung oder Funktion, den früheren/den aktuellen Wert, die Vorbesitzer/innen, „Erfahrungen" oder „Erlebnisse" des Objekts oder seiner Besitzer/innen usw.

✓ Auch ein Hinweis, dass nicht nur mit W-Fragen gearbeitet werden muss, kann hilfreich sein.

✓ Die Beantwortung der Fragen sollte möglichst in der Ich-Form aus der Sicht des Objekts erfolgen. Alternativ können die Lernenden in eine Expertenrolle schlüpfen und über das Objekt berichten. Das hat jedoch viel weniger Charme!

✓ Um ein ungefähres Gleichgewicht der Interviews zu erreichen, kann seine Dauer verabredet werden.

Vorbereitung

Geeignete Objekte müssen ausgesucht werden, hierbei können Kriterien eine Rolle spielen wie

✓ Aussage- und Erzählkraft des Objekts,

✓ Eignung des Objekts im Blick auf die Zielsetzung des Besuchs und die übergeordnete Fragestellung,

✓ Vorhandensein und Erreichbarkeit von brauchbaren Informationen.

Material

✓ Reale Objekte, Sachquellen oder Abbildungen von ihnen

✓ Objektinformationen

✓ Karteikarten für die Stichpunkte

✓ Möglichst ein Mikrofon

Sozialform/en

Partnerarbeit in der Erarbeitung und in der Präsentation im Plenum

 Dauer

Die Erarbeitung des Interviews wird je nach Objekt und vor allem je nach zur Verfügung stehenden Informationen 15 bis 45 Minuten in Anspruch nehmen. Je nach Umfang des Materials und der Aussagekraft des Objekts sind pro Interview 2 bis 5 Minuten zu veranschlagen.

 Geeignete Themen

Es bieten sich alle möglichen Museen, Ausstellungen, aber auch Museumsdörfer oder Gedenkstätten an.

 Beispiele

Es können z.B. Gebrauchsgegenstände, Werkzeuge und Waffen, Spielzeug, Kleidung, sakrale Gegenstände, Urkunden, aber auch Räume (wie Küchen, Wohnstuben ...) oder ganze Gebäude in *Museen, Museumsdörfern,* in *Ausstellungen* oder bei einer *Stadtbegehung* vorgestellt werden. Selbst geeignete Objekte in *Gedenkstätten* können thematisiert und so ein Bezug zu den Menschen, die an diesem Ort gelitten haben, hergestellt werden. Um Lernende emotional in solchen Fällen nicht zu überfordern, kann hier bei den Antworten auf die Expertenrolle ausgewichen werden. (Durch dieses Tor ..., auf diesen Gleisen ..., in dieser Baracke/Zelle ... .)

 Chancen und Stärken

Lernende ...

✓   identifizieren sich mit „ihrem" Objekt, werden neugierig und gehen mit eigenen Fragen an einen Museumsbesuch oder an Sachquellen heran;

✓   erarbeiten Informationen und entwickeln gegebenenfalls Emotionen und Empathie für historische Zusammenhänge, d.h. zum Beispiel für die Besitzer von Objekten oder deren Geschichte;

✓ übernehmen Verantwortung für einen Museums-, Ausstellungs- oder Gedenkstättenbesuch und werden selbst aktiv;
✓ üben sich im Präsentieren und zeigen Interesse für die Interviews der anderen Tandems.

Lehrende ...

✓ können sich auf einen interessanten Besuch am Lernort freuen, bei dem sie die Hauptakteure sind und die „Führung" lebhaft und interessant zu werden verspricht.

Risiken und Schwächen

Ein größerer Vorbereitungsaufwand im Vergleich zu einer „gebuchten" Führung.

Aktivitätsanteile

Aktivitätsanteile der Lernenden

✓ Besonders hoch während der Erarbeitung und der eigenen Präsentation.
✓ Rezipierend wahrend der Interviews der anderen, aber vermutlich mit größerer Aufmerksamkeit zuhörend als bei einer herkömmlichen Führung oder bei Referaten über Objekte.

Aktivitätsanteile der Lehrenden

✓ Hoch in der Vorbereitung, da geeignete Objekte ausgesucht und vor allem Infomaterial zusammengestellt werden muss, sofern man das (noch) nicht den Lernenden oder dem Museum überlassen kann.
✓ Zurückhaltend und zuhörend während der Präsentationen der Interviews.

Motivation

Motivierend erweisen sich hier die intensive und kontextualisierte Auseinandersetzung mit einem Objekt, die zu einer veränderten Sicht, nämlich vom Objekt und seiner Zeit und Geschichte aus, führt.

Kompetenzbezug

Gestärkt werden:

Analyse- und Deutungskompetenz,
indem Informationen verarbeitet und neu gedeutet werden;

Methodenkompetenz,
indem historische Phänomene fragengeleitet untersucht und die Ergebnisse narrativiert werden;

Selbst- und Sozialkompetenz,
indem eigene Fragen gestellt, Informationen gesucht und aufbereitet sowie narrativiert und präsentieret werden;

Urteils- und Orientierungskompetenz,
sofern sich die Lernenden auch wertend und im Blick auf die Bedeutung der Objekte für ihre eigene Gegenwart mit ihnen auseinander setzen.

 Fachdidaktische Prinzipien

Zur Umsetzung kommen:

Exemplarisches Lernen
durch die Auswahl konkreter, beispielhafter Objekte;

Gegenwartsbezug
durch die bewusste Sicht aus der Gegenwart in Form der Fragen und den Bezugspunkt der Gegenwart, der auch in den Antworten mitschwingt;

Schülerorientierung
durch die eigene Auswahl der Objekte oder zumindest durch die eigenen Fragen an die Objekte und die selbstständige Beantwortung dieser.

 Weiterarbeit

Einfachere, kurzfristige Ideen:

✓ Jedes Tandem kann (nach dem Rundgang) zum eigenen Objekt „Quiz"-Fragen (für die Nachbereitung) stellen, die die Merkfähigkeit der anderen testen.

✓ Jedes Tandem gibt beim Lehrenden eine kurze Umschreibung ab. (Ich bin ...) Alle Kurzbeschreibungen werden für einen Arbeitsbogen gesammelt (Wer bin ich?), und die Lernenden ordnen (in Einzel- oder Partnerarbeit) das richtige Objekt zu.

Umfangreichere, länger wirksame Ideen:

✓ Die Interviews könnten aufgenommen und daraus ein ⇨AUDIO-GUIDE für andere Lerngruppen entwickelt werden.

✓ Zusammen mit Fotos der Objekte können die Interviews als Texte gesammelt und zu einem „Museumsführer" zusammengefasst werden.

Variation/en

Alternativ zu Objekten und Sachquellen an Lernorten könnten auch befragt werden:

✓ Personen auf Gemälden oder anderen Bildträgern
✓ Sachquellen im Unterricht
✓ Bildmaterial anstelle von realen Objekten
✓ relevante Bücher und Schriften wie Verträge, Biographien, Aufrufe, Erklärungen, Tagebücher ... (nach dem Motto: Wir stellen vor: Schriften, die die Welt veränderten!)

Weitere Informationen

WAGENER, Ernst/DREYKORN, Monika: Museum – Schule – Bildung. München 2007, S. 167.

SMS

 Begriff

Ursprünglich als abkürzende Bezeichnung für das Übertragungssystem eingeführt, bezeichnet SMS heute umgangssprachlich die zu übertragene Kurzmitteilung selbst. Mit 160 verfügbaren Zeichen steht für die Übermittlung wichtiger Inhalte nur ein stark begrenzter Rahmen zur Verfügung, den es möglichst effizient zu nutzen gilt.

 Ziel/e

Das Ziel der SMS-Methode ist es, dass die Lernenden eine kurze und auf Wesentliches beschränkte sowie damit auch zeiteffiziente Sicherung bzw. ein ebensolches Feedback zum Unterricht individuell verfassen. Die Methode eignet sich auch für eine kontinuierliche kurze Sicherung am Ende einer jeden Stunde einer Einheit und kann zudem helfen, Sprechhemmnisse zu mildern.

 Beschreibung und Durchführung

Je nach Art der Verwendung ergibt sich eine unterschiedliche Durchführung:

a) Sicherung einer Phase/Sitzung

1. Im Anschluss an eine zu sichernde Phase/Geschichtsstunde erhalten die Lernenden ein Stück Papier, auf dem sie ihre Kurzmitteilung unterhalb eines entsprechenden Arbeitsauftrages verfassen können.

2. Die fertigen Kurznachrichten werden dann an die Tafel gepinnt und können von allen betrachtet werden.

3. In einem gemeinsamen Plenumsgespräch können auf diese Weise nicht nur wichtige Sachinformationen rekapituliert, sondern auch verschiedene Schwerpunkte, die die Lernenden im Blick auf den Geschichtsstoff setzen, deutlich werden.

b) Feedback

1. Es wird wie in a) verfahren. Der Arbeitsauftrag zielt jedoch darauf ab, eine Unterrichtsstunde, -einheit oder -methode zu reflektieren und ein Feedback zu geben. Hier geht es nicht um die konzen-

trierten Sachinformationen, sondern um persönliche Eindrücke, Lernerfahrungen und evtl. auch um Emotionen.

2. Die Lehrperson nimmt die Kurznachrichten nach der Plenumsphase an sich, um die Eindrücke der Lernenden bei ihrer Unterrichtsreflexion und weiterer Planung berücksichtigen zu können. Auch hier ist es möglich, die SMS im Klassenraum zu veröffentlichen und zu diskutieren.

c) Kontinuierliche Sicherung

1. Die Lernenden erhalten zu Beginn einer Einheit einen Arbeitsbogen mit mehreren SMS-Fenstern, den sie in ihrem Hefter ablegen.

2. Am Ende einer jeden Unterrichtsstunde erhalten sie Zeit, eine Kurznachricht an sich selbst bzw. an einen Freund zu schicken, um darin von Gelerntem oder Eindrücken zu berichten.

Hinweise

✓ Um den Charakter der Kurznachricht auch optisch zu unterstützen, könnte der Arbeitsbogen aus der Abbildung eines Handybildschirms bestehen, der am oberen Rand das gesetzte Zeichenlimit anzeigt.

✓ Sollte es Schwierigkeiten mit der Reduktion geben, weil z.B. der Inhaltsbereich zu umfangreich oder die Gruppe zu ungeübt ist, könnte die SMS-Methode statt einer einfachen Länge (160 Zeichen) auf Kurznachrichten mit doppeltem Umfang zurückgreifen.

✓ Bedingt durch den Bezug zur Alltagswelt der Lernenden sollten diese über ein gutes Erfahrungswissen verfügen, wie viele Informationen sich mit 160 Zeichen codieren lassen. Trotzdem sollte gerade bei der Einführung der Methode mindestens ein Beispiel gegeben und ein zeitlicher Puffer eingeplant werden.

✓ Die Lernenden sollten bei erstmaliger Nutzung dazu angeregt werden, sich gemeinsam über Richtlinien für die Kurzmitteilungen zu verständigen: Hierzu gehören bspw. die Abkürzungen, die verwendet werden dürfen.

✓ Trotz des Alltagsbezugs dieser Methode sollten die Lernenden auf ein angemessenes sprachliches Niveau der Nachrichten hingewiesen werden.

✓ Die SMS-Sicherung eignet sich durch die geringe Vorbereitungszeit auch gut zur Zwischensicherung in größer angelegten Einheiten.

 Vorbereitung

Die Vorbereitung zu dieser Methode fällt besonders einfach aus: Es genügt ein Arbeitsbogen mit einem vorgegebenen Fenster für die Kurznachricht (kurzfristige Sicherung/Feedback) bzw. ein Arbeitsbogen mit mehreren SMS-Fenstern (begleitende Sicherung).

 Material

✓ Der Arbeitsbogen mit einer dem Zweck entsprechenden Anzahl an SMS-Fenstern
✓ Magnete, um die Kurznachrichten an die Tafel zu heften. Alternativ hierzu: Haftzwecken für die Pinwand

 Sozialform

Einzelarbeit (Erstellen der Kurznachricht) und Plenum (Auswertung der Nachrichten)

 Dauer

Ca. 10-20 Minuten (als Sicherung mit Plenumsphase), bzw.
ca. 5 Minuten (als kontinuierliche Sicherung am Ende jeder Stunde)

 Geeignete Themen

Jedes Thema.

 Beispiele

In einer Klasse wurde zum Thema „*Boston Tea Party*" gearbeitet. Dabei wurden u.a. folgende Kurzmitteilungen erstellt:

✓ Amerikaner verkleiden sich als Indianer und versenken den englischen Tee im Hafen von Boston. Warum? Sie fordern: No taxation without representation. (149 Zeichen)

✓ Ich habe mich am Anfang gefragt, warum sich die Kolonisten als Indianer verkleidet hatten. Es ist ein Symbol für die Freiheit gegenüber England. (145 Zeichen)

✓ Boston Tea Party = Amerika-Siedler werfen Tee ins Wasser wegen hoher Steuern + fehlende Rechte. Indianerkostüme sind ein Zeichen für ihren Freiheitswunsch. (155 Zeichen)

Chancen und Stärken

Lernende ...

✓ üben sich darin, inhaltliche Resümees bzw. Rückmeldungen entlang sehr strikter Vorgaben zu verfassen;

✓ kontrollieren spielerisch das Einhalten der SMS-Spielregeln;

✓ nutzen die Kurznachricht am Ende jeder Stunde für eine kontinuierliche Sicherung;

✓ überwinden Sprechhemmungen, indem sie die angehefteten Nachrichten für sich sprechen lassen.

Lehrende ...

✓ haben eine kreative Sicherungsmöglichkeit an der Hand, die nur geringer Vorbereitung bedarf;

✓ erhalten Rückmeldungen für die eigene Unterrichtsreflexion;

✓ können entlang der kontinuierlichen SMS-Sicherung den Kenntnisstand und die Entwicklung der Lernenden im Auge behalten.

Risiken und Schwächen

Lernende ...

✓ brauchen ggf. etwas Übung, um ein Gespür dafür zu entwickeln, was sich mit 160 Zeichen an Informationen ausdrücken lässt;

✓ haben möglicherweise Schwierigkeiten damit, von ihrem üblichen Stil, eine Kurznachricht zu verfassen, sprachlich abzuweichen;

✓ könnten auf Dauer von der begleitenden SMS-Sicherung gelangweilt werden, sodass diese Form nicht unbedingt für mehrere Einheiten in Folge verwendet werden sollte.

Lehrende ...

✓ keine ersichtlichen.

Aktivitätsanteile

Aktivitätsanteile der Lernenden

✓ Durchgängig hoch – vor allem beim Erstellen der Kurznachricht, aber auch beim Lesen oder dem gemeinsamen Gespräch.

Aktivitätsanteile der Lehrenden

✓ Im Verlauf der Sicherung gering. Im Falle einer Nutzung als Feedback für das eigene Handeln liegt der Aktivitätsanteil höher (im Blick auf die Auswertung für die Unterrichtsplanung).

 Motivation

Die SMS-Sicherung motiviert als Form der Sicherung vor allem durch ihr Format. Sie integriert die Kurznachricht als Alltagsgegenstand aus dem Leben der Lernenden in den Unterricht.

 Kompetenzbezug

Gefördert werden:

Deutungskompetenz,
denn in der knappen und auf Wesentliches zusammenfassenden Nachricht narrativieren und deuten Lernende Geschichte individuell;

Methodenkompetenz,
da die Lernenden sich im Falle der kontinuierlichen Sicherung immer wieder aufs Neue mit einem starken Reduktionsprozess beschäftigen, den sie im Verlauf immer besser beherrschen;

Selbstkompetenz,
indem selbst erarbeitetes Wissen reflektiert, selektiert und in die Form der Kurznachricht überführt wird.

 Fachdidaktische Prinzipien

Zur Geltung kommt:

Handlungsorientierung,
indem die Lernenden sich aktiv, kreativ und reflektierend mit dem historischen Stoff in der Erstellung einer Mitteilung auseinandersetzen.

Weiterarbeit

Im Zuge eines wertschätzenden Umgangs mit den Rückmeldungen der Lernenden bietet es sich an, dass der Lehrende seine Eindrücke der mitgenommenen Kurznachrichten in der folgenden Unterrichtsstunde kurz vorstellt.

Variation/en

Statt einer SMS-Kurznachricht kann auch eine MMS-Mitteilung „versendet" werden. Ähnlich wie bei der Methode ⇨DENKBLATT könnten die Lernenden ihre 160 Zeichen um eine selbst gestaltete Abbildung ergänzen.

Statt in einer Plenumsphase können sich die Lernenden auch in Kleingruppen über ihre SMS austauschen.

Weitere Informationen

THAL, Jürgen/VORMDOHRE, Karin: Methoden und Entwicklung, Hohengehren 2006, S. 106 107.

Abb. 9: SMS-Methode mit dem Handy statt auf Papier (Foto: *Michaela Hanf*)

Spickzettel

 Begriff

Der Spickzettel wird für eine zielgerichtete Wiederholung angelegt und mit Fakten, Zahlen, Icons oder Zeichnungen gefüllt.

 Ziel/e

Mit der Aufforderung, sich einen Spickzettel herzustellen, sollen die Lernenden sich darin üben, ein behandeltes Thema, etwa vor einer Kontrolle, in einer beliebigen Anordnung und für sie optimal nutzbar, festzuhalten. Sie selbst entscheiden, was sie an Zahlen, Namen, Fachbegriffen, Definitionen, Zeichen usw. auf dem ausgegebenen Papier (etwa kleine Karteikartengröße) festhalten. Damit wird eine intensive Wiederholung des historischen Themas in individueller Form provoziert und erreicht.

 Beschreibung und Durchführung

1. Die Lernenden erhalten von der Lehrkraft ein (z.B. farbiges) Stück Papier, etwa als Karteikarte oder eine DIN-A6-Seite.

2. Für die anstehende Lernzielkontrolle werden sie aufgefordert, einen Spickzettel mit Hilfe ihrer Materialien/des Geschichtsbuchs zu erstellen, wobei nur eine Seite des Zettels, die aber beliebig, beschriftet werden kann.

3. Die Arbeit wird in der Unterrichtszeit begonnen, kann aber auch zuhause fertig gestellt werden.

4. Zumindest beim ersten Einsatz dürfen die Lernenden den Spickzettel während der Leistungskontrolle nutzen.

5. Nach der Kontrolle wird die Spickzettelmethode ausgewertet. Einige stellen dabei fest, dass sie „noch nie so gut vorbereitet" waren, andere, dass sie den Spickzettel „(fast) gar nicht gebraucht" hätten, weil jetzt alles „im Kopf" war, womit sich der Erfolg der Methode erwiesen hätte.

Hinweise

✓ Jede/r erstellt seinen eigenen Spickzettel persönlich und hand-
schriftlich.

✓ Nach einem erfolgreichen Einsatz kann es nützlich sein, die Methode wiederum einzusetzen, jedoch den Einsatz des Zettels während der Kontrolle nicht mehr zuzulassen.

✓ Bei einer ersten Erprobung kann die Gruppe im Plenum Vorschläge für geeignete Einträge auf dem Spickzettel sammeln, die von der
Lehrkraft an der Tafel oder auf einer Folie platzsparend angeordnet
werden. Dies gibt für einige, die ideenlos sind, Hinweise.

Vorbereitung

Alle Lernenden sollten einen gleich großen Zettel als Spickzettel erhalten.

Material

✓ Leeres, evtl. farbiges Blatt Papier (Din-A6)
✓ Geschichtsbuch, -hefter oder -heft

Sozialform/en

Einzelarbeit, evtl. eine Einführung und die Auswertung im Plenum

Dauer

5-10 Minuten, bei Fortsetzung als freiwillige Hausaufgabe

Geeignete Themen

Jedes Thema.

Beispiele

Thema: *Griechische Antike*

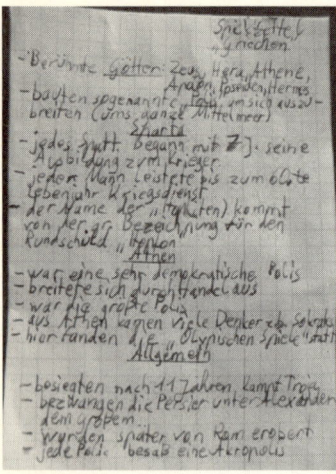

Abb. 10.: Beispiel eines Sechst-klässlers, 1. Versuch (Foto: *Birgit Wenzel*)

*Fehler: Die Olympischen Spiele fanden in Olympia auf dem Peleponnes (und nicht in Athen) statt, und der Sieg über die Perser wurde von den Makedonen (und nicht von *den* Griechen) errungen.

Spickzettel „Griechen"

• Berühmte Götter: Zeus, Hera, Athena, Apollon, Poseidon, Hermes
• bauten sogenannte „Polis", um sich auszubreiten (ums ganze Mittelmeer)

Sparta

• jeder Spart. begann mit 7 J. seine Ausbildung zum Krieger
• jeder Mann leistete bis zum 60.ten Lebensjahr Kriegsdienst.
• Der Name der „Hopliten" kommt von der gr. Bezeichnung für den Rundschild „Hoplon"

Athen

• war eine sehr demokratische Polis
• breitete sich durch Handel aus
• war die größte Polis
• aus Athen kamen viele Denker, z.B. Sokrates
• hier fanden die „Olympischen Spiele" statt.*

Allgemein

• besiegten nach 11 Jahren Kampf Troja
• bezwangen die Perser unter Alexander dem Großen*
• wurden später von Rom erobert
• jede Polis besaß eine Akropolis

 Chancen und Stärken

Lernende ...

✓ wiederholen ein Thema gründlich und effektiv, weil ihnen der Gewinn „vor Augen" steht;

✓ üben sich darin, ein Thema sinnvoll zu strukturieren und verwenden dafür neben Wörtern auch Icons und Zeichnungen;

Lehrende ...

✓ bekommen einen Überblick über das erworbene Wissen, die Denk-
und Strukturierungsweisen, aber auch die Fehler ihrer Lernenden.

Risiken und Schwächen

Lernende ...

✓ werden nicht alle Spickzettel völlig fehlerfrei anlegen, wie das Beispiel zeigt (vgl. ▥). Das trifft aber auch auf andere Verfahren der
Vorbereitung auf Kontrollen zu. Lernende könnten sich hier gegenseitig überprüfen, und die Aussicht, einen Spickzettel anlegen
zu können, dürfte auch für große Aufmerksamkeit bei der Hefterführung sorgen.

Lehrende ...

✓ keine ersichtlichen.

Aktivitätsanteile

Aktivitätsanteile der Lernenden

✓ Durchgangig hoch.

Aktivitätsanteile der Lehrenden

✓ Gering.

Motivation

Sich „legal" einen Spickzettel anlegen und ihn sogar bei einer benoteten
Kontrolle nutzen zu dürfen, sollte stark motivierend wirken.

Kompetenzbezug

Gefördert wird:

Selbstkompetenz,
denn der eigene und der durch Materialien zur Verfügung stehende
Wissensbestand wird aktiviert, rekapituliert und individuell zielgerichtet
aufbereitet.

───

 Fachdidaktische Prinzipien

Zur Geltung kommt:

Handlungsorientierung
insofern, als der Spickzettel ein individuelles Produkt ergibt, dass sich mit der bearbeiteten Geschichte auseinandersetzt und sie in individueller Form aufbereitet.

 Weiterarbeit

Die Lernenden können untereinander ihre Erfahrungen und Erfolge mit der Spickzettelmethode austauschen, sich gegenseitig Tipps für eine sinnvolle Gestaltung geben und sich auch korrigieren. Dabei sollten alle individuellen Lösungen akzeptiert sein und keine „beste" ausgesucht werden.

 Variation/en

Man kann im Gebrauch des Spickzettels während einer Kontrolle, von „ganz" über „für fünf Minuten" bis „gar nicht" variieren.

 Weitere Informationen

Weblink zum Thema „Spicker als Reduktionstechnik":
http://www.teachsam.de/arb/text/reduktec/arb_reduktec_1.htm
(*Webangebot von TeachSam - Lehren und Lernen online*)

Begriff

Wer auf Stimmenfang geht, hat eine Überlegung, Position oder Idee, die im Dialog mit anderen vorgestellt wird und für die andere gewonnen werden wollen. Wie bei einem Volksbegehren symbolisiert eine Unterschrift die Zustimmung, und die Stimme ist „gefangen".

Ziel/e

Die Lernenden entwickeln einen eigenen Standpunkt und gehen auf Stimmenfang. Durch Zustimmung oder Enthaltung der anderen Lernenden erhalten sie eine unmittelbare Rückmeldung zu ihrer Überlegung (bspw. ein Sachurteil oder eine Problemlösung), Position (z.B. ein Werturteil oder eine emotionale Einstellung zu einem Thema/einer Methode) oder Idee (wie etwa Verbesserungen einer Methode oder eine Hypothese über vermeintliche historische Alternativen). Im Gespräch bemühen sie sich darum, andere für die eigene Idee zu gewinnen, und im Plenum werden die Stimmen ausgezählt.

Beschreibung und Durchführung

1. In einer vorangegangen Phase, Stunde oder Einheit haben die Lernenden zu einem historischen Thema gearbeitet oder eine neue Methode kennen gelernt. Bei der Methode kann es sich sowohl um eine spezifische Methode historischen Arbeitens als auch um eine Unterrichtsmethode handeln.

2. Alle Lernenden erhalten eine Karteikarte im Format Din-A5. Sie falten diese in der Mitte und notieren (mit einer Zeitvorgabe) auf der linken Seite nach Verabredung bzw. gemäß einer Aufgabenstellung eine Überlegung, Position oder Idee, die sie für relevant halten und für die sie möglichst viele Stimmen sammeln wollen.

3. Haben alle Lernenden ihre Notiz angelegt, gehen sie in der Klasse auf Stimmenfang: In kurzen Gesprächen stellen sie einander ihre Überlegungen, Positionen und Ideen vor und werben um Unterschriften. Ein Zeitlimit begrenzt auch diese „Werbephase".

4. Im Plenum werden die Überlegungen/Positionen/Ideen anschließend erneut aufgegriffen, indem sie inkl. der erhaltenen Stimmen vorgelesen und ggf. gemeinsam diskutiert werden. Hier kann auch

ein Plakat entstehen, auf dem die Argumente, inhaltlich sortiert, geclustert werden.

5. Im Plenum kann auch diskutiert und analysiert werden, warum welche Positionen viele/wenige Stimmen fangen konnten. Liegt es an der Qualität der Aussage, an dem Auftreten des Werbers, der Werberin, an der Beliebtheit der Person usw.? Rückschlüsse auf politische Zusammenhänge in Vergangenheit und Gegenwart sind erwünscht!

 Hinweise

✓ Sofern der Stimmenfang an eine vorangegangene Phase/Stunde andockt, bietet es sich an, bereits im Arbeitsmaterial dieser Phase/Stunde einen entsprechenden Arbeitsauftrag anzulegen.

✓ Für ungeübte Lernende kann es hilfreich sein, gemeinsam sprachliche Muster (für einen anderen Zusammenhang) zu erarbeiten, damit sich die Lernenden darin üben können, sich knapp, aber begründend und somit überzeugend auszudrücken.

✓ Um einen „schnellen" Durchgang dieser Methode zu ermöglichen und gleichzeitig dem aufgeschriebenen Argument Vorrang zu gewähren, kann verabredet werden, dass alle mit ihrer Karte, aber ohne einen Dialog, auf Stimmenfang gehen.

✓ Die Methode eignet sich nicht nur zur Auseinandersetzung mit Urteilen oder Meinungen, sondern auch zum Denken alternativer Handlungsstränge. Hierbei werden die Lernenden dazu angeleitet, unter Berücksichtigung der historischen Rahmenbedingungen eine alternative Folge eines behandelten Ereignisses zu entwickeln, sie argumentativ zu unterfüttern und begründet vorzustellen.

✓ Die Karteikarten mit den darauf verzeichneten Stimmen bieten eine gute Grundlage für die Unterrichtsreflexion des Lehrenden, da sie Rückschlüsse auf Interessenfelder, Einstellungen und Perspektiven der Lerngruppe zulassen.

 Vorbereitung

Der Stimmenfang setzt direkt an eine vorangegangene Phase, Stunde oder Einheit an. Vorbereitet wird nur die Aufgabenstellung.

Material

✓ Eine Karteikarte im Format Dɪɴ-A5 für jede/n Lernende/n
✓ Ggf. ein entsprechender Arbeitsauftrag auf dem Material der vorangegangenen Phase/Stunde
✓ Ein akustischer Signalgeber (z.B. ein Gong)

Sozialform/en

Einzelarbeit (Erstellen der Karteikarte für den Stimmenfang), Partner- und Kleingruppenarbeit (Vorstellung der Überlegungen, Positionen und Ideen auf den Karteikarten im Gespräch), Plenum (anschließende Auswertung)

Dauer

Ca. 10-30 Minuten (je nach Vorgehen beim Stimmenfang und je nach Dauer der Plenumsauswertung)

Geeignete Themen

Jedes Thema.

Beispiele

An Fallbeispielen verschiedener Industriezweige haben sich die Lernenden mit der beginnenden *Industrialisierung in England* zu Beginn des 18. Jh. beschäftigt. Entlang der folgenden Arbeitsaufgabe haben sie Einflussgrößen für den Industrialisierungsprozess identifiziert und für sich begründet einen Faktor herausgearbeitet, den sie für besonders ausschlaggebend halten. Mit diesen Faktoren gehen sie nun auf Stimmenfang.

Aufgabe: Anhand des von dir bearbeiteten Industriezweigs hast du eine Vielzahl von Faktoren kennen gelernt, welche die Industrialisierung in England erst ermöglicht haben. Welchen dieser Faktoren hältst du für besonders wichtig? Welche Gründe sprechen dafür? Formuliere eine These zu diesem Faktor und gehe damit auf Stimmenfang!

Im Rahmen dieses Stimmenfangs könnten die Lernenden bspw. mit den folgenden Überlegungen auf Stimmenfang gehen:

✓ Für mich ist der technische Fortschritt ein entscheidender Faktor. Ohne die mechanischen Spinnmaschinen und Webstühle wäre die englische Kleidungsindustrie nicht so erfolgreich gewesen.

✓ Ohne die Möglichkeit, die ganzen Ressourcen aus den Kolonien zu holen, hätte die englische Stahlindustrie nicht so schnell wachsen können.

✓ In England wurden sehr früh Kanäle gebaut und die Eisenbahn für den Transport genutzt. So konnten Waren von allen Industriezweigen schneller transportiert werden.

✓ England hatte den Vorteil, dass es über eine große und mächtige Flotte verfügte. So konnten die Handelsschiffe geschützt werden.

✓ Durch die veränderte Landwirtschaft gab es viele Leute, die eine neue Arbeit brauchten und bereit waren, in die neuen Industriezentren zu ziehen.

Beispiel: *Methodische Arbeit mit Karikaturen*

Die Lernenden haben sich (z.B. in einem ⇨LERNBÜFFET) mit Karikaturen auseinander gesetzt.

Aufgabe: Du hast viel über Karikaturen in Geschichte und Gegenwart, über Absichten, Wirkungen und ihre Analyse sowie andere Faktoren erfahren. Überlege, welche Einsicht oder Erkenntnis aus dieser Erarbeitung für dich besonders wichtig geworden ist. Formuliere eine These und gehe damit auf Stimmenfang!

Im Rahmen dieses Stimmenfangs könnten die Lernenden bspw. mit den folgenden Überlegungen auf Stimmenfang gehen:

✓ Die Beispiele haben mir gezeigt, dass es Karikaturen schon seit der Antike gibt, dass sie aber vor allem ein Mittel der Meinungsäußerung in der modernen Demokratie sind.

✓ Ich denke, dass es besonders wichtig ist, die Symbole und Zeichen einer Karikatur richtig zu verstehen, denn sonst kann man ihre Aussage nicht begreifen, oder man versteht sie falsch.

✓ Ohne die z.B. politischen oder religiösen Hintergründe zu kennen, bleibt eine Karikatur ein Rätsel, das man nicht lösen kann.

✓ Das Schema zur Interpretation im Material 5 finde ich hilfreich. Es ist aber auch sehr aufwändig!

✓ Material 7 (der „Karikaturenstreit" von 2005) hat mir an dem Beispiel der Karikaturen zum Islam gezeigt, wie schnell sie z.B. durch das Internet in aller Welt bekannt werden und wie groß die Auswirkungen von Karikaturen sein können.

Chancen und Stärken

Lernende ...

- ✓ sind herausgefordert, Position zu beziehen, eine Meinung oder Überzeugung, eine Idee oder eine Rückmeldung plausibel und verständlich zu formulieren;
- ✓ kommen mit anderen Lernenden ins Gespräch über eigene und „fremde" Überlegungen, Positionen und Ideen und üben sich darin, für Überzeugungen werbend aufzutreten;
- ✓ erhalten eine direkte Rückmeldung – im positiven Falle in Form der Unterschrift;
- ✓ gewinnen einen guten Überblick über die unterschiedlichen Perspektiven und Eindrücke innerhalb der Lerngruppe;
- ✓ nehmen andere Positionen als gleichwertig wahr;
- ✓ stellen ggf. historisch begründet eigene Überlegungen zu alternativen Ereignisverläufen an und werben innerhalb der Lerngruppe um Zustimmung.

Lehrende ...

- ✓ gewinnen einen Überblick über das, was Lernende für bedeutsam halten, über die Perspektivenvielfalt und die unterschiedlichen Interessenslagen innerhalb der Lerngruppe.

Risiken und Schwächen

Lernende ...

- ✓ könnten durch die aktive Form des Stimmenfangens benachteiligt werden, wenn sie eher zurückhaltend agieren;
- ✓ könnten frustriert reagieren, wenn sie aufgrund des zeitlichen Rahmens nicht alle Lernenden mit ihren Überlegungen, Positionen und Ideen konfrontieren konnten.

Lehrende ...

- ✓ keine ersichtlich.

Aktivitätsanteile

Aktivitätsanteile der Lernenden

✓ Durchgängig hoch: Sie bestücken die Karteikarte mit einer Überlegung, Position oder Idee, gehen auf Stimmenfang und verlesen ihre These im Plenum mitsamt den ausgezählten Stimmen.

Aktivitätsanteile der Lehrenden

✓ Sehr gering: Sie überwachen das Einhalten der Zeitvorgaben und moderieren die Diskussion.

 Motivation

Auf Stimmenfang zu gehen heißt, eine eigene Position zu formulieren und sich mit anderen auseinanderzusetzen. Während im Plenum vielleicht der eine oder andere Gedanke durch Zurückhaltung der Lernenden nicht eingebracht wird, können sie hier in den kurzen Gesprächen „im Kleinen" üben, ihre Perspektive begründet einzubringen und zu bewerben; das macht Mut! Dabei wirkt die Möglichkeit, die Zustimmung in Form von Unterschriften auf der Karte einzusammeln und somit sichtbar zu machen, besonders motivierend.

 Kompetenzbezug

Gefördert werden:

Selbstkompetenz,
denn die Lernenden entwickeln basierend auf ihren Kenntnissen und Arbeitsergebnissen eigene Überlegungen, Positionen und Ideen zu Gegenständen historischen Lernens, die auch das Denken in historischen Alternativen üben kann;

Sozialkompetenz,
weil die Lernenden in dialogischen Situationen ihre eigenen Überlegungen, Positionen und Ideen angstfrei vorstellen, diskutieren und den anderen Lernenden Raum geben, selbiges zu tun;

Urteils- und Orientierungskompetenz,
da die Lernenden – je nach Aufgabenstellung – begründet kurze pointierte Sach- und Werturteile treffen, um mit ihnen auf Stimmenfang zu gehen und andere kennenlernen.

Fachdidaktische Prinzipien

Zur Geltung kommt vor allem:

Pluralität,
denn die individuell unterschiedlichen Überlegungen, Positionen und Ideen zu historischen Phänomenen werden zur Sprache gebracht, verhandelt und wertgeschätzt.

Je nach Thema und Material kommen beim Stimmenfang auch die Prinzipien der *Kontroversität*, der *Multiperspektivität* und der *Problemorientierung* zum Tragen.

Weiterarbeit

✓ Neben der sich anschließenden Auswertung im Plenum können die erstellten und unterschriebenen DIN-A5-Kärtchen vom Lehrenden zur weiteren Auswertung herangezogen werden.
✓ Wird die Methode zur individuellen Erarbeitung von Problemlösungen genutzt, können sie im Rahmen der Methode ⇨AUSHANDELN aufgegriffen werden.

Variation/en

Statt mit eigenen Überlegungen, Positionen oder Ideen auf Stimmenfang zu gehen, könnten die Lernenden auch die Perspektiven historischer Interessengruppen übernehmen und für deren Sichtweisen, Konfliktlösungsideen usw. werben. Hier kommt das Prinzip der Multiperspektivität zur Geltung.

Weiterhin könnten die Lernenden auch um Rückmeldungen für Ergebnisse einer Gruppenarbeit bitten. Sie könnten also bspw. mit einer gemeinsam erarbeiteten Problemlösung (vgl. ⇨AUSHANDELN) auf Stimmenfang gehen.

Weitere Informationen

THAL, Jürgen/VORMDOHRE, Karin: Methoden und Entwicklung, Hohengehren 2006, S. 108.

Stummfilmvertonung

 Begriff

In einem Stummfilm wird die filmische, visuelle Aussage mit dem Mittel
der Musik untermalt. Die Musik vermittelt dabei die Stimmung, die die
Wahrnehmung maßgeblich beeinflusst und Emotionen transportiert.

 Ziel/e

Bei dieser Methode vertonen die Lernenden ein selbst erstelltes Gruppenarbeitsergebnis, das vorzugsweise bereits als Bildschirmpräsentation
hergestellt wurde (z.B. einen Videoausschnitt, eine Bildcollage, eine
Wandzeitung, ein ⇨DENKBLATT, einen ⇨FILMSTREIFEN) und präsentieren
ihr Kunstwerk dann in einer Filmvorführung. In der folgenden Aussprache erläutern die „Regisseur/innen" ihre Musikauswahl, indem sie über
den Zusammenhang der Informationen und der Emotionen sprechen,
die sie vermitteln wollen.

 Beschreibung und Durchführung

Im Rahmen einer Gruppenarbeit ist ein Arbeitsergebnis erstellt worden,
das nun wie ein Stummfilm vertont, präsentiert und diskutiert werden
soll:

1. Die Gruppe klärt zunächst, wie sie das Arbeitsergebnis inszenieren
    will, welche inhaltlichen Akzente dabei gesetzt und welche Emo-
    tionen transportiert werden sollen. Diese Überlegungen werden
    stichpunktartig für die spätere Aussprache festgehalten.

2. Die Gruppe sichtet den von der Lehrperson bereit gestellten oder
    selbst mitgebrachten themenbezogenen Musikfundus (bspw. eine
    Auswahl von zeitgenössischen oder milieuspezifischen Musikstü-
    cken) und wählt (einen) Musiktitel oder Ausschnitte für die Ver-
    tonung aus. Je nach Möglichkeiten kann hier mit verschiedenen
    CD-Spielern, MP3-Abspielgeräten oder mit dem Computer gear-
    beitet werden. Letzteres bietet die Möglichkeit, die Musikstücke
    auf die richtige Länge zu kürzen. Die Lehrkraft steht hier beratend
    zur Seite.

3. In der folgenden Vorführung unterstützen Hilfsmittel (bspw. eine
    Filmklappe) die Atmosphäre einer Filmvorführung. Wie dabei üb-
    lich, sitzen die „Filmemacher" in der mittleren Zuschauerreihe,
    um selbst einen Eindruck davon zu bekommen, wie ihr Kunstwerk
    ankommt.

4. In der anschließenden Aussprache übernimmt ein Lernender, der nicht Teil der vorstellenden Gruppe ist, die Moderation der Aussprache und erteilt den interessierten Fragesteller/innen und den Regisseur/innen das Wort.

Hinweise

✓ Bei der Auswahl der Musik gilt es zu entscheiden, ob authentische Aufnahmen (zeitgenössische Musikstücke, die auch zeitgenössisch aufgenommen wurden) oder authentische Musikstücke (hier wäre auch eine moderne Aufnahme, z.B. eines Stücks von Lagarde für die Zeit Ludwigs XIV. denkbar) verwendet werden sollen.

✓ Der Fachbereich Musik kann um Unterstützung gebeten werden, und die Methode kann auch gut als fächerübergreifendes Projekt verwirklicht werden (bspw. Analyse relevanter Musikstücke und deren Stilmittel im Musikunterricht).

✓ Damit alle Filmvorführungen die gleiche Aufmerksamkeit erhalten können, sollte eine verbindliche Maximaldauer vereinbart werden.

✓ Damit die Stummfilmvertonung gelingen kann, sollte die vorangegangene Gruppenarbeitsphase darauf abgestimmt sein.

✓ Um den Filmcharakter des Arbeitsergebnisses noch weiter zu unterstützen und verschiedene Sequenzen gezielt zu vertonen, ggf. auch mit unterschiedlicher Musik, liegt das Arbeitsergebnis der vorangestellten Phase idealerweise als Bildabfolge vor (Bildschirmpräsentation, mehrere Folien bzw. verschiedene Bilder, die nacheinander vorgeführt werden).

Vorbereitung

Gemeinsam mit dem Fachkollegium Musik lassen sich aus dem Schulfundus relativ schnell relevante Musikstücke zusammentragen; das Angebot sollte nicht zu umfangreich werden.

Sinnvoll wären auch Informationen über die Musik, über ihre Komponist/innen und Interpret/innen, die Zeit der Entstehung usw.

Material

✓ Das Gruppenarbeitsergebnis aus einer vorangegangenen Stunde/ Arbeitsphase

✓ Die Musiksammlung samt Abspielmöglichkeiten (CD, MP3 oder Computerzugang)
✓ Evtl. Requisiten, die das Flair unterstützen, wie eine Filmklappe oder ein Stück roter Vorhangstoff für die Tafel

 Sozialform/en

Gruppenarbeit (vorausgegangene Produkterstellung, prüfendes Sichten des Musikbestandes, Entscheidungsfindung und Durchführung der Vertonung), Plenumsarbeit (Vorstellung des vertonten Stummfilms und Aussprache)

 Dauer

Ca. 90 Minuten

 Geeignete Themen

Alle Themen, für die entsprechendes (authentisches) Musikmaterial vorhanden ist und die durch die Ausdrucksverstärkung mit der Musik gewinnen.

 Beispiele

✓ *US-Civil-Rights-Movement der 1960er Jahre*: Eine Collage zum Thema „Bus-Boykott in Rosa Parks (1955)" könnte z.B. mit dem Titel „Moanin'" von Art Blakey (Hard-Bop-Jazz) vertont werden.
✓ *DDR-Opposition und Repression*: Ein ⇨FILMLEISTE über Jugendkultur in der DDR, könnte mit Songs wie „Lied von der unruhevollen Jugend" der Band „Feeling B" (Berliner Punk-Band, 1989) oder auch mit „Freiheit" von Marius Müller-Westernhagen unterlegt werden.

 Chancen und Stärken

Lernende ...

✓ beschäftigen sich neben den zu vermittelnden Informationen auch mit dem Aspekt der Emotionen, die sie transportieren wollen, und erweitern und vertiefen die inhaltliche Arbeit in kreativer Weise;

✓ berücksichtigen die verschiedenen Vermittlungsebenen bei ihrer Musikauswahl und präsentieren das Arbeitsergebnis als Gesamtwerk;

✓ reflektieren in dem der Vorführung folgenden Gespräch mit den Zuschauern ihr eigenes Vorgehen.

Lehrende ...

✓ bekommen einen Überblick darüber, was die Lernenden an ihren Arbeitsergebnissen bedeutend finden und welche Emotionen sie bei ihnen auslösen;

✓ können sich auf das Zuhören und Zusehen beschränken und geben die Moderation der Gespräche ab;

✓ kooperieren mit dem Fachkollegium „Musik";

✓ können mit dieser Methode eine inhaltliche Weiterarbeit mit Musik als Quelle für das historische Lernen anbahnen.

Risiken und Schwächen

Lernende ...

✓ könnten sich beim Sichten der Musik darin verlieren, ohne sich auf eine Auswahl zu einigen.

Lehrende ...

✓ müssen eine themenbezogene Musikauswahl zusammenstellen, was – je nach gewählten Richtlinien – sehr zeitaufwändig ausfallen kann;

✓ sollten über gute Klassenführungsfähigkeiten verfügen, um die Arbeit mit verschiedenen Medienträgern oder gar in verschiedenen Räumen (Klassen- und Computerraum) gut koordinieren zu können.

Aktivitätsanteile

Aktivitätsanteile der Lernenden

✓ Durchgängig sehr hoch (gemeinsame Verhandlung über die zu vermittelnden Inhalte und Emotionen, Sichtung der Musiksammlung, Aushandeln des zu wählenden Musiktitels, gemeinsame Aussprache mit dem Publikum).

Aktivitätsanteile der Lehrenden

✓ Punktuell und situativ (Ausgabe der Musiksammlung, Unterstützung bei der Inbetriebnahme von Software, Zeitkoordination zur Steuerung der Phasen).

 Motivation

Die ungewöhnliche Präsentation, fern einem üblichen kurzen Informationsvortrag, die Arbeit mit Musik und technischen Hilfsmitteln und die thematisch angepasste Form der Präsentation wirken motivierend.

 Kompetenzbezug

Gefördert werden:

Analysekompetenz,
indem Musik als Quelle analysiert und in einen Kontext mit der Aussage des Produktes gestellt wird;

Deutungskompetenz,
da die Lernenden im Zusammenwirken von Arbeitsprodukt und Musik ein Gesamtwerk konstruieren, das als Narration im Ganzen wirkt, Deutung von Geschichte wiedergibt und diskutiert wird;

Methodenkompetenz,
denn die Lernenden lassen sich auf den Präsentationsmodus ein, passen ihr Vorgehen an, reflektieren und diskutieren ihr methodisches Vorgehen;

Sozialkompetenz,
da die Methode nur funktioniert, wenn kooperiert wird.

 Fachdidaktische Prinzipien

Bedeutsam werden:

Handlungsorientierung,
indem ein Fundus an Musikstücken zielgeleitet gesichtet und eine entsprechende Auswahl konzipiert und umgesetzt wird; so setzen sich die Lernenden handelnd mit ihrem Produkt und ihrer Geschichtsdeutung auseinander;

Schülerorientierung,
denn die Stummfilmvertonung greift das Interesse der Lernenden an Musik und Filmen inhaltlich und methodisch auf.

Weiterarbeit

✓ In Einzelarbeit können die Lernenden eine kurze Filmkritik über eines der präsentierten Kunstwerke schreiben (und sich dabei in aktuellen Zeitschriften durch Filmkritiken anregen lassen).
✓ Die verwendete zeitgenössische Musik kann auch als Anlass genommen werden, Musikstücke als Quelle zum Gegenstand historischen Lernens zu machen.

Variation/en

✓ Tragen die Lernenden die Musik eigenständig zusammen (vgl. ①), erleichtern klare Richtlinien die Recherche (etwa: nur Musik der 20er/30er Jahre beim Thema „Weltwirtschaftskrise").
✓ Eine andere Variante setzt bei Punkt 4 des Ablaufs ein (vgl. ①). Statt dass die Macher/innen ihre Gedanken und Absichten erläutern, tragen die Zuschauenden zusammen, welche Wirkungen das Kunstwerk bei ihnen erzielt hat. Die Regisseur/innen können an der Diskussion ablesen, ob ihre Intentionen „angekommen" sind.
✓ Statt sich auf zeitgenössische Musik festzulegen, kann die Musikwahl auch völlig freigestellt werden. Hierdurch lassen sich bewusste Verfremdungseffekte erzielen.

Weitere Informationen

Meier, Peter/Süess, Pius: Check-up. Filme für eine Welt, methodische Tipps für die Arbeit mit Film und Video am Beispiel der Nord/Süd-Filme, Zürich 1996.

Tesch, Nicole: Wie arbeitet man mit Videos? In: Achtung Sendung 2/2005, S. 57-58.

Themen-ABC

 Begriff

Zu einem Thema werden entlang des Alphabets Begriffe assoziiert.

 Ziel/e

Ziel ist es, zu möglichst allen Buchstaben des Alphabets Begriffe mit einem neuen Thema (hier gleicht die Methode einem gelenkten Brainstorming) oder auch einem bekannten Thema zu verknüpfen und diese aufzuschreiben (hier stehen Wiederholung und Festigung im Mittelpunkt). Dabei wird ein Thema weitläufig und intensiv zugleich „abgegrast", und die Assoziationen der Lernenden werden damit deutlich.

 Beschreibung und Durchführung

1. Die Lernenden erhalten oder erstellen ein Blatt, auf dem das Thema und darunter zu Beginn jeder Zeile ein Buchstabe des Alphabets stehen.

2. Die Aufgabe lautet, zu möglichst jedem Buchstaben (in einer vorgegebenen Zeit) einen mit dem Thema zu verknüpfenden Begriff (möglichst viele Fachtermini und am besten nur Substantive) zu notieren.

3. Die Begriffe können jetzt in schneller Folge nach den Buchstaben vorgelesen werden, z.B. drei bis fünf pro Buchstabe. Die Lernenden dürfen dabei keine schon vorgelesenen wiederholen.

    oder

    Die Lernenden erstellen gemeinsam mit dicken Filzstiften ein Plakat, auf das sie ihre Wörter (je nur einmal) übertragen.

4. Lernende fragen einander evtl. nach der Bedeutung eines Begriffs oder nach seinem Zusammenhang mit dem Thema.

5. Die Lehrperson gibt ein Feedback zu den Ergebnissen (Vollständigkeit, Arbeitsgeschwindigkeit, Qualität und Originalität der gefundenen Begriffe).

✓ Die Methode kann der Einstieg zu einem neuen Thema sein, um das Vorwissen und auch evtl. Vorausurteile zu ermitteln.

✓ Die Methode kann (und hier liegt ihr größeres Potenzial für das Fach) ein behandeltes Thema abschließen und damit wiederholen und festigen.

✓ Es können auch kleine Teams von drei bis vier Lernenden gebildet werden, die gegeneinander antreten. Größer sollten die Gruppen nicht sein, sonst wird die notwendig gedämpfte Kommunikation zu schwierig. Nach einer festgelegten Zeit oder wenn das erste Team fertig ist, stellen alle die Arbeit ein, und es werden Punkte für die gültigen Begriffe vergeben. Diese spielerische Form kann häufiger durchgeführt werden, und der Punktestand kann (bei gleich bleibenden Gruppen) wachsen.

✓ Schnelle Lernende, Partner oder Teams können auch mehrere Begriffe pro Buchstabe notieren (und Zusatzpunkte dann sammeln, wenn alle Buchstaben mindestens einen Begriff aufweisen).

✓ Insbesondere für jüngere Lernende können bei „schwierigen" Buchstaben (wie C oder X und Y) Vorgaben durch die Lehrkraft gegeben oder sie können auch ganz ausgespart werden.

Evtl. das Blatt mit den Buchstaben.

✓ Ein Bogen Papier

Einzel- oder Partnerarbeit bzw. Teamarbeit (bis zu vier Lernende)

Ca. 15 Minuten

Beispiele

Thema: *Die attische Demokratie*

A	Areopag, Athen, Attika, Alkmeoniden, Annuität, ...
B	Blutsgerichtsbarkeit, Boulé, ...
C	Cheirotonie, Chremonideischer Krieg, ...
D	Demos, Demagoge, Dikasterien, Demosthenes, ...
E	Ekklesia, Eisphora, Ephialtes, ...
F	Feldherr, Fluktuation, ...
...	...

 Chancen und Stärken

Lernende ...

✓ überlegen, was sie alles mit einem Thema verknüpfen und aktivieren bzw. reaktivieren ihr Wissen;

✓ können dabei feststellen, wie erstaunlich vielseitig ein Thema ist;

✓ fragen ggf. bei ihnen unbekannten Begriffen nach und erweitern insgesamt ihren Horizont.

Lehrende ...

✓ bekommen einen guten Einblick in das, was die Lernenden mit einem Thema verknüpfen und was sie hierzu abgespeichert haben.

 Risiken und Schwächen

Keine ersichtlichen.

 Aktivitätsanteile

Aktivitätsanteile der Lernenden

✓ Hoch.

Aktivitätsanteile der Lehrenden

✓ Niedrig während des Suchens und Aufschreibens der Begriffe und höher sowie steuernd bei der Auswertung.

Motivation

Der Rätsel- und Spielcharakter wirkt (selbst auf ältere) Lernende motivierend. Die Variante, die zusätzlich einen Wettbewerb ermöglicht, verstärkt die Motivation.

Kompetenzbezug

Arbeiten die Lernenden allein, kommt zur Geltung:

Selbstkompetenz,
indem sie bewusst ihre eigenen Kenntnisse rekapitulieren und sich deren vergewissern.

Arbeiten die Lernenden zu zweit oder in kleinen Teams, so üben sie sich zusätzlich in ihrer

Selbstkompetenz,
indem sie versuchen, sich als Team möglichst effektiv zu unterstützen; sie erkennen, dass das gemeinsame Assoziieren sehr viel zügiger zufriedenstellende Ergebnisse erbringt als das Arbeiten im Alleingang.

Fachdidaktische Prinzipien

Im Blick auf die Prinzipien kommt durch die Konzentration auf eine Thematik *Exemplarisches Lernen* zum Tragen.

Weiterarbeit

Wird die Methode als Einstieg genutzt, ist davon auszugehen, dass einige Buchstaben nicht mit Begriffen verbunden werden. Am Ende der Einheit können sie aufgefüllt werden.

Variation/en

Vgl. ☞

Weitere Informationen

MÜLLER, Frank: Selbstständigkeit fördern und fordern, Weinheim/Basel 2004, S. 24-25.

Wer oder was bin ich?

 Begriff

Ein Wiederholungsspiel in Anlehnung an die Fernsehsendung „Was bin ich?" (Von 1955 bis 1958 und von 1961 bis 1989 ausgestrahlt.)

 Ziel/e

Die Lernenden stellen einander zielgerichtete Fragen, um die Person oder den Fachterminus herauszufinden, die oder der auf ihren Rücken geklebt worden ist. Dabei wiederholen sie diejenigen Personen oder/und Begriffe, die im Unterricht behandelt worden sind.

 Beschreibung und Durchführung

1. Die Lernenden erhalten Klebezettel auf ihren Rücken, ohne den Namen oder den Begriff darauf zu sehen.

2. Sie bilden, im Raum umhergehend, Tandems, die sich gegenseitig auf den Rücken schauen und sich Fragen stellen, um die zugewiesene Identität oder den Begriff herauszufinden.

3. Dabei sind folgende Regeln einzuhalten:
    –   Es dürfen ausschließlich Entscheidungsfragen gestellt werden, die mit „ja" oder „nein" beantwortet werden können.
    –   Man darf so lange weiter fragen, bis man ein „Nein" zur Antwort bekommt. Haben beide ein „Nein" kassiert, trennen sich die Partner/innen und suchen neue.
    –   Bei Unsicherheit in der Beantwortung einer Frage dürfen die Lehrkraft oder andere Lernende hinzugezogen werden.

4. Wer seinen Namen/Begriff erraten hat, kann anderen weiterhin antwortend zur Verfügung stehen, bis alle ihre Lösung herausgefunden haben.

 Hinweise

✓   Auch die Lernenden können geeignete Namen und Begriffe aufschreiben oder schriftlich zuvor „einreichen".
✓   Wird die Methode zum ersten Mal eingesetzt, sollten zwei Lernende das Fragen und Antworten beispielhaft ausprobieren, während die anderen zuschauen.

✓ Mit ungeübten Lernenden kann man geeignete Fragemuster einüben (vgl. ▥).

Vorbereitung

Klebezettel mit Namen von bekannten Persönlichkeiten und/oder mit
Fachbegriffen z.B. einer Epoche.

Material

Beschriftete Klebezettel

Sozialform/en

Partnerarbeit (mit wechselnden Partner/innen)

Dauer

Ca. 15 Minuten

Geeignete Themen

Jedes Thema eignet sich, denn historische Themen sind immer mit
Personen und Fachtermini verknüpft.

Beispiele

Thema: *DDR- und BRD-Geschichte*

68er Bewegung – Adenauer, Konrad – Bahnhof Friedrichstraße – Biermann, Wolf – Bohley, Bärbel – Brandt, Willy – Bundesadler – Check-
point Charly – Einheitspartei – Grundlagenvertrag – Hagen, Eva-Maria
– Hamm-Brücher, Hildegard – Hammer und Zirkel – Hildebrandt, Regi-
ne – Honecker, Erich – Honecker, Margot – Mauerbau – Parlamentari-
sche Demokratie – Palast der Republik – Puhdys – Reichstag – Schwar-
zer, Alice – SED – Seeler, Uwe – Tränenpalast – Ulbricht, Walter – Witt,
Katharina – Zwei-plus-Vier-Vertrag – ...

Beispielfragen „Person":
- ✓ Bin ich eine Person?
- ✓ Bin ich männlich/weiblich?
- ✓ Habe ich in der DDR/BRD gelebt?
- ✓ War ich künstlerisch/sportlich/politisch ... tätig?

Beispielfragen „Begriff":
- ✓ Bin ich ein Begriff?
- ✓ Bin ich ein Begriff aus der BRD-/der DDR-Geschichte?
- ✓ Habe ich etwas mit der Politik/dem Showgeschäft ... zu tun?
- ✓ Bin ich ein Gebäude?
- ✓ Bin ich ein Ort?

 Chancen und Stärken

Lernende ...
- ✓ reaktivieren ihr Wissen zu einer Epoche/einer Unterrichtseinheit und wiederholen somit den Stoff;
- ✓ üben sich darin, geschickte und geeignete Fragen zu stellen.

Lehrende ...
- ✓ bieten ihren Lernenden eine motivierende Wiederholung.

 Risiken und Schwächen

Keine ersichtlichen.

 Aktivitätsanteile

Aktivitätsanteile der Lernenden
- ✓ Durchgehend sehr hoch.

Aktivitätsanteile der Lehrenden
- ✓ Auf die Vorbereitung konzentriert, niedrig in der Durchführung.

 Motivation

Motivierend wirken der Rätsel- und der Spielcharakter der Methode, das trifft auch auf ältere Lernende zu.

Kompetenzbezug

Die Lernenden fördern ihre

Selbstkompetenz,
indem sie bewusst ihre eigenen Kenntnisse rekapitulieren und sich im
Fragenstellen üben.

Fachdidaktische Prinzipien

Im Blick auf die Prinzipien kommt durch die Konzentration auf eine
Thematik *Exemplarisches Lernen* zum Tragen.

Weiterarbeit

Evtl. Klärung schwieriger, ungeratener Personen oder Begriffe.

Variation/en

Eine maximale Spielzeit wird vorgegeben. Die Lernenden befragen sich
in einer ersten Begegnung gegenseitig immer abwechselnd, bis ein akustisches Zeichen ertönt, dann müssen, unabhängig vom Erfolg, zügig
neue Tandems gebildet werden.

Wer die Lösung gefunden hat, lässt sich einen neuen Klebezettel von
der Lehrkraft auf den Rücken heften; hierbei kann es einige Begriffe
und Namen doppelt geben, da insgesamt mehr benötigt werden. Am
Ende wird gezählt, wer wie viele Namen/Begriffe innerhalb der gesamten Spielzeit richtig gelöst hat. Durch den „Zeitdruck" und den Wettbewerbscharakter wird die Methode stärker zum Spiel, und es wird mehr
Flexibilität der Einzelnen erforderlich.

Weitere Informationen

THAL, Jürgen/VORMDOHRE, Karin: Methoden und Entwicklung, Hohengehren 2006, S. 88-89.

Zielscheibe

 Begriff

Begriffe und Fachtermini „treffen" ein Thema und landen im Zentrum einer Zielscheibe oder eher am Rande.

 Ziel/e

Kleingruppen sollen zu einem vorgegebenen Thema vorgegebene Begriffe sowie eigene, zu ergänzende, auf einer Zielscheibe platzieren. Dabei geht es um eine Begriffsschärfung.

 Beschreibung und Durchführung

1. Die Lernenden bilden kleine Gruppen von drei bis maximal fünf Personen und erhalten pro Gruppe ein Plakat, das eine aufgemalte Zielscheibe enthält (vgl. 📄) sowie eine Zeitvorgabe.

2. Je nach Leistungsfähigkeit erhalten die Kleingruppen zu dem zentralen Thema einige, wenige (oder gar keine) Begriffe und Fachtermini, die mit dem Thema etwas zu tun haben und es begrifflich erläutern, deuten, analysieren.

3. Die Gruppen erhalten und ergänzen weitere Begriffe, die sie dem Thema zuordnen; diese tragen sie auf (vorbereitete oder selbst zu erstellende) Begriffskärtchen ein. Auch Namen können zugeordnet werden, ebenso Zusätze wie Adjektive und Zeichen wie ≠, um z.B. auch Gegensätze auszudrücken.

4. Die Platzierung (mit einem Klebestift) auf der Zielscheibe erfolgt nach ihrer Bedeutsamkeit für das Thema. Kommunikativ wird ausgehandelt, welcher Begriff wie nahe oder wie weit entfernt vom Zentrum, also vom Thema selbst, deponiert wird.

5. Nach Ablauf der verabredeten Zeit (akustisches Signal) werden die Plakate ausgelegt und alle gehen umher und schauen sich die andern Ergebnisse an. Hier ist auch die Anwendung der Methode ⇨MARKT gut möglich.

6. Einzelne Gruppen stellen dem Plenum ihr Ergebnis begründend vor. Diese kann entweder die Lehrkraft bestimmen (und hierbei auf unterschiedliche Vorschläge achten) oder die Lernenden machen Vorschläge, welche Plakate sie gemeinsam besprechen wollen.

Alternativ kann auch die Methode und die Frage, wie der Arbeitsprozess zu beurteilen ist, diskutiert werden.

Hinweise

✓ Im Voraus ist zu klären, ob die Zielscheibe auf der Theorieebene oder im Blick auf ein angewandtes historisches Beispiel hin angelegt werden soll.

Vorbereitung

Die Zielscheiben müssen vervielfältigt und Begriffskarten (beschriftete wie leere) vorbereitet werden.

Material

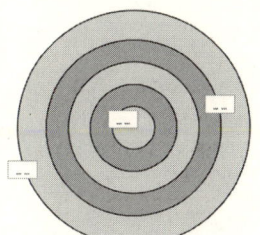

✓ Zielscheiben
✓ beschriftete Begriffskärtchen
✓ leere Begriffskärtchen
✓ Klebestift
✓ akustisches Signal

Sozialform/en

Kleingruppenarbeit und anschließendes Plenum

Dauer

Ca. 10-15 Minuten für die Kleingruppenarbeit und weitere ca. 10-15 Minuten für die gemeinsame Auswertung

Geeignete Themen

Alle; besonders eignen sich Themen, die selbst schon durch einen Fachterminus gekennzeichnet sind, wie Wirtschaftssysteme, politische Herrschaftsformen usw.

Beispiele

Thema: *Was ist Sozialismus?*

Mögliche Begriffe: Anarchismus – Arbeiterklasse – Bedürfnisse – Engels – Freiheit – Gerechtigkeit – Gewerkschaft – Gleichheit – gemeinsames Eigentum – gemeinsame Produktion – Gesellschaftskritik – kein Privateigentum – Marx – Planwirtschaft – Proletariat – Revolution – Produktionsmittel – Solidarität – Weltanschauung – Zentralverwaltung, usw.

 Chancen und Stärken

Lernende ...

✓   üben sich im Argumentieren und im Umgang mit Fachbegriffen.

Lehrende ...

✓   lernen die Stärken und Schwächen ihrer Gruppe im Umgang mit Fachtermini und deren Verwendung kennen.

 Risiken und Schwächen

Lernende ...

✓   verfügen evtl. über nur wenige treffende Begriffe.

Lehrende ...

✓   keine erkennbaren.

 Aktivitätsanteile

Aktivitätsanteile der Lernenden

✓   Besonders hoch in der Gruppenarbeit, aber auch anteilnehmend und interessiert beim Hinschauen und Zuhören im Plenum.

Aktivitätsanteile der Lehrenden

✓   Niedrig; moderierend in der Auswertung.

 Motivation

Die Motivation liegt hier im Medium der Zielscheibe, aber auch an der Herausforderung, mit Begrifflichkeiten sachgerecht umzugehen.

Kompetenzbezug

Gefördert werden:

Deutungskompetenz,
indem durch die Platzierung der Begriffe auf der Zielscheibe und die
erläuternde Kommentierung Geschichte gedeutet wird;

Selbst- & Sozialkompetenz,
indem die Lernenden sich ihrer individuellen Kenntnisse über Begriffe
und deren Zusammenhänge bewusst werden sowie letztere gemeinsam
aushandeln müssen.

Fachdidaktische Prinzipien

Zur Geltung kommt vorrangig:

Wissenschaftsorientierung,
indem die Lernenden mit Fachbegriffen und ihren Erklärungen und
Deutungen umzugehen lernen.

Weiterarbeit

Die Lernenden könnten nach der Austauschrunde einen erläuternden
Text über das Kernthema unter Verwendung möglichst vieler Begriffe
(aus verschiedenen Zielscheiben) schreiben und damit zu ihrer persönlichen Begriffsschärfung weiter beitragen.

Variation/en

Statt die Gruppen kategorisch ohne/mit einigen Begriffen arbeiten zu
lassen, können sie eigenständig beginnen und auf Nachfrage einige vorbereitete Begriffe beim Lehrenden abholen oder einsehen.

Weitere Informationen

THAL, Jürgen/VORMDOHRE, Karin: Methoden und Entwicklung, Hohengehren 2006, S. 111-112.